습관은 반드시 실천할 때 만들어집니다.

남의 마음을 흔드는 건
다 카피다

좋은 카피를 쓰는 습관

이원홍

지음

좋은습관연구소

그래서 무엇을 어떻게 하느냐

일을 잘 하기란 사실 어렵습니다. 전쟁 같은 경쟁이 숙명인 광고 커뮤니케이션에선 더더욱 그렇습니다. 광고 콘텐츠는 함께 만드는 일이지만 내가 잘하지 않고 함께 잘하기란 불가능합니다. '함께'란 결국 수많은 '나'의 합이니까요. 어려운 것을 어려운 것으로 인식하는 것이 어쩌면 해결 과정의 시작이라고 생각합니다.

28년째 카피라이터로 일해오면서 저는 늘 일이 어려웠습니다. 프로젝트마다 긴장했습니다. 그리고 무엇보다 잘하고 싶었습니다. 그래서 배워야 했습니다.

그런 마음으로 일 잘하는 선배의 비결이 무엇인지 궁금해하며 배웠습니다. 카피 잘 쓰는 동료가 평소에 뭘 하는지 오래 훔쳐보며 배웠습니다. 프레젠테이션 잘하는 후배가 어떻게 준비하는지 눈을 부릅뜨고 배웠습니다.

광고와 마케팅, 좋은 콘텐츠를 만드는 원칙은 다른 훌륭한 책들이 차고 넘치게 말해 줄 겁니다. 그래서 저는, 그저 제 자신이 회의실에서 분투하며 검증한 사례와 생각들을 공유하고자 합니다. 백가지 이론을 알고 세상 비할 바 없는 원칙들을 다 안다고 한들 무슨 소용이 있겠습니까? 일을 한다는 건 언제나 '그래서 무엇을 어떻게 하느냐'는 실천의 문제입니다. 나의 행동만이 진짜 나라고 생각합니다. 일에서도, 삶에서도.

저는 카피라이터입니다만, 광고 카피만 카피라고 생각하지 않습니다. "남의 마음을 흔드는 건 다 카피다" 그렇게 생각합니다. 오만가지 접점에서 소비자와 만나야 하는 시대, 어느 비즈니스건 마케팅이 아닌 게 있을까 싶습니다. 당신의 일을, 당신의 자리에서, 당신이 더 잘하게 되는 데에 여기 제 이야기들이 알뜰하게 쓰였으면

하는 욕심, 부끄럽지만 그 욕심 하나로 썼습니다.

광고와 카피의 스승인 박웅현 선배에게, 그리고 내일과 삶의 모든 장면마다 존재해온 '카피의 신'들께 이 작은 책을 바칩니다.

목 차

◆

말이 씨가 된다

"카피는 엉덩이로 쓰는 거야." 선배들은 말했다.

털썩. 나는 좋은 카피라이터가 되긴 틀렸구나 생각했다. 나는 엉덩이에는 영 자신 없는 사람이었다. 그렇다고 뭐 특별히 다른 부위가 자신 있는 것도 아니지만 엉덩이로 말하자면 영영 자신 없는 쪽이었다.

선배들의 말뜻을 전혀 모르는 바는 아니었다. 의자에 엉덩이를 붙이고 앉아서, 쓰고 쓰고 또 쓰다 보면 양에서 질이 담보된다는 말씀이었으니, 카피를 순간의 영감

쯤으로 오해하는 초보 카피라이디들에겐 꼭 필요한 얘기였다.

물론 나 역시도 엉덩이를 붙이고 앉아 머리를 쥐어뜯으며 외로운 승부를 해야 하는 순간들이 없진 않았다. 하지만 누군가가 나에게 카피를 엉덩이로 써왔냐고 묻는다면 나는 단호히 고개를 저을 것이다.

많이들 카피라이터를 '쓰는' 사람으로 생각한다. 하지만 쓰고자 마음먹는 순간, 카피는 결코 쓸 수 없는 것이 돼 버린다. 역설이다. 인생의 다른 진실들처럼 카피의 진실 또한 역설 위에 있다.

이순신 장군을 떠올려보자. 중과부적(衆寡不敵)임에도 불구하고 훗날 명량 해전이라 불리게 될 싸움을 하루 앞두고서, 오자병법을 인용하며 휘하 장수들에게 하신 말씀. 필사즉생(必死則生) 필생즉사(必生則死). 병법의 원문엔 필생즉사의 '필(必)'이 요행을 뜻하는 '행(幸)'이었는데 장군이 더 강한 의미를 부여하고자 '필(必)'로 바꾸셨다고 한다. "죽고자 하면 살고, 살고자 하면 죽는다." 참으로 지독한 역설이 아닐 수 없다.

카피의 세계에서도 지독한 역설을 종종 마주한다. 쓰고자 하는 자의 실패와 쓰지 않고 말하는 자의 예상치 못한 성공을.

톨스토이의 소설 『안나 카레니나』는 이렇게 시작한다. "행복한 가정은 모두가 엇비슷하고 불행한 가정은 제각각 다르다." 카피라이터의 제작 회의는 『안나 카레니나』의 첫 문장과 정확히 반대 모습이다. "행복한 제작 회의는 제각각 다르고 불행한 제작 회의는 모두가 비슷하다." 불행한 제작 회의의 모습이란 뉴스 화면으로 익숙한 국무 회의 모습과 비슷하다. 대통령 한 사람만 얘기하고 나머지 국무위원들은 일제히 노트에 코를 박고 무언가를 받아 적고 있는 그런 모습. 반대로 행복한 제작 회의는 이렇다. 말하고 듣고 생각하고 말한다. 흐름이 끊어질까 봐 쓰지도 못한다. 쓰더라도 말하며 쓰고 들으며 쓰느라 대충 키워드만 메모하는 수준이다.

그러니 말을 하자. 눈을 보며 듣고, 눈을 보며 말하자.

그것이 연약하고 희미하게 태어나는 아이디어를 마침내 쓸 수 있는 카피로 만드는 유력한 길이다. 혼자 써야 할 때조차도 묵묵히 코를 박고 쓰기보다는 고개를 까딱거리며 중얼거리거나, 미친놈처럼 혼잣말로 시뮬레이션하며 복도를 걷는 편이 더 낫다. 결국엔 더 좋은 카피를 쓰게 될 확률로 이어진다.

십 년 전 A라면 카피를 그렇게 썼다. A라면 앞에 B라면은 너무나 견고하고 거대한 바위였다. 나는 그 바위를 부수는 게 목표가 아니라고 생각했다. 모두의 시선이 그 바위에만 쏠려 있을 때, 어떻게 하면 도전자를 눈에 띄게 할까 그걸 생각하자고 했고, 예를 든다며 회의실에서 떠든 게 카피로 태어났다.

사실 A라면이 우리나라에서 제일 많이 팔리는 라면은 아닙니다.
근데, 아니면 어떻습니까?
이렇게 맛있는데 언젠가 1등 하지 않겠습니까?

2018년 신라면 카피도 그렇게 썼다. 글이 아니라 말로. 엉덩이 붙이고 손으로 쓴 게 아니라 회의실에서 입으로 썼다. 국민 브랜드다움을 잃지 않으면서 이 시대의 영 타깃에 눈높이를 맞추는 것, 그것이 목표였다. 라면 얘기가 아니라 이 시대 젊은 그들의 얘기, 동시에 오직 1등 라면만이 할 수 있는 그런 이야기, 그게 카피로 나와 줘야 했다.

아니 뭐 하라는 게 너무 많아.
도전, 열정...
뭘 해도 우리 억지로 하진 말자구요.
그럼 언제 하나? 신이 나면!
신나면 하자구요.
신나면!
어! 신라면 먹고 싶다.

너무 조급해하지 말자구요.
신라면이 아무리 맛있다고
1분 만에 됩니까?
라면이 가장 맛있는 4분 30초!
누구에게나 4분 30초의 순간은 반드시 옵니다.

어! 신라면 왔다.

실패 좀 하면 어때요? 좀 넘어지고 뭐 그럴 수 있지.
라면을 봐.
물에도 빠지고 불에도 팔팔 끓고 하니까
맛있어지잖아.
아~ 얼마나 맛있겠어.
신라면 먹을 사람?

앞의 A라면 카피는 컴온의 김영순 카피라이터가, 신라면 카피는 농심 기획의 이승연CD와 손바위 카피라이터가 없었다면 태어나지 못했을 것이다. 우리는 회의실에서 같이 썼다. 손이 아니라 입으로! 글이 아니라 말로! 말이 씨가 된다는 걸 기억하자. 카피의 씨가 되는 건 글이 아니라 말이다.

오늘 밤 맛있는 신라면을 먹으면서 입으로 한번 맛있는 카피를 써보는 거다. 아! 빗으셔도 좋다. 누구에게나 4분 30초의 순간은 반드시 오니까.

◆

카피의 신

"나는 과연 카피에 재능이 있는가?"

카피를 잘 쓰고 싶은 카피라이터의 고민은 이 질문 하나로 요약된다. 이 질문에 제대로 대답하기 위해선 나에게 '한 사람'이 있느냐를 봐야 한다. 어떤 '한 사람'이냐, 그 얘기를 해보려 한다.

세상의 모든 카피 관련 책들은 성공 케이스만 다루지만 카피라이터의 일상은 그보다 훨씬 많은 실패의 사례들로 점철된다. 리더가 아둔해서 실패하고, 카피가 별로라서 실패하고, 다른 회사의 카피라이터가 더 좋은 아이디어를 제시해서 실패하고, 클라이언트가 프로젝트를 갑자기 엎어서 실패하고. 수많은 이유로 실패를 반복한다. 그래서 나는 잘 나갈 때의 겸손보다 일과 인생이 바닥일 때의 찌그러지지 않는 품성이 훨씬 더 중요하다고 생각한다. 바로 그때 '한 사람'이 필요하다.

A기업의 B브랜드 광고를 만들 때도 그런 때였다. 클라이언트의 스트라이크 존은 바늘구멍보다 작아 보였다. 당장은 어둡더라도 끝은 환한 터널일 줄 알았는데, 알고 보니 막다른 벽만 만져지는 캄캄한 동굴이었다. 패배가 기정사실이 된 링에 억지로 올라야 하는 복서처럼, 스스로가 한없이 처량하고 쓸모없어 보여 견디기 힘들던 그때, 같이 시안을 준비했던 후배들이 내 자리로 찾아왔다. 그리고선 씩 웃으며 포스트잇이 붙은 음료수 하나를 건넸다.

누군가는 당신을 물로 보지만
우리는 당신을 보물로 봅니다.

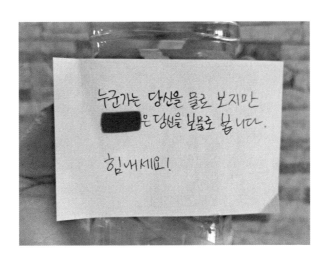

구체적인 아이디어나 일을 의논하는 회의실은 목욕탕 같은 곳이다. 하버드대를 나왔건 서울대를 나왔건, 직급이 높건 낮건, 실오라기 하나 걸치지 않은 벌거벗은 몸을 보는 것처럼 자신의 역량과 자질과 태도가 적나라하게 드러나는 곳이 회의실이다. 자기 자신에겐 의구심이 들 수도 있고 나르시시즘에 빠질 수도 있지만, 적어도 회의실에서만큼은 놀라울 정도로 객관적으로 서로를 파악한다. 그리고 회의실에서 겪은 '누군가'에 대한 사람들의 평가는 대개 비슷하다. "어? 저 친구 뭔가 있다!" 또

는 "흠... 이 사람 쎄한데. 도움이 되긴 글렀고, 방해나 안
했으면!"

카피라이터로서 지금의 나를 가장 냉정하고 객관적
으로 평가해 줄 사람은 시골에 있는 어머니도 아니고,
대학 때 은사님도 아니고, 지금 회사의 사장님도 아니고,
아이디어를 제안하는 족족 박살내 버리는 클라이언트도
아니다. 목욕탕 같은 회의실에서 함께 벌거벗고 앉았던
바로 그 동료다.

지금 내 핸드폰에 저장된 사람은 1,342명, 페이스북
친구는 2,207명이지만, 카피에 관해서라면 포스트잇 한
장에 담긴 저 '한 사람'의 지지가 어디에 비할 데 없이 더
중요하다.

나는 신을 믿지 않는다. 그러나 혹시라도 '카피의 신'
이 있다면 알라딘의 지니처럼 휙 나타나서 기가 막힌 카
피를 척척 알려주는 존재는 아닐 것이다. 숱한 실패의
과정을 견디고, 더 나은 다음을 향해 나아갈 수 있도록
힘을 주는 존재, 포스트잇을 건네며 씩 웃는 '한 사람' 바

로 그런 존재일 것이다.

우리는 그 사람을 향해 나의 카피 아이디어를 던져야
한다. 그리고 온 마음을 다해 설득해야 한다. 그런 다음
그의 얘기에 진심으로 귀 기울여야 한다. 그가 바로 당
신의 지니고, 그가 바로 '카피의 신'이다.

◆

진드기처럼 쓰자

클라이언트가 과제를 의뢰한다. 카피라이터는 톡톡 튀는 순발력을 발휘해 기발한 카피들을 써낸다. 찬사를 받으며 아이디어가 채택되고 콘텐츠로 완성된다.

아쉽게도 현업에서 이렇게 일사천리로 진행되는 일은 거의 없다. 아이디어는 설명되어야 하고, 카피는 왜 그 카피여야 하는지 설득되어야 한다. 그것은 한마디로 지난한 과정이다.

회의실에서 카피를 쓰고 아이디어를 내는 건 이 비즈

니스의 반쪽일 뿐. 나머지 반은 실행을 위한 예측과 계산에 기반한 논의의 과정이다. 실행되지 못한 아이디어는 아이디어가 아니며, 실행은 결코 저절로 되는 법 없이 집요한 노력과 영리한 계산이 이뤄져야 개시된다. 실행을 잘하기 위해선 집중력이 필요하다. 그리고 카피를 쓰는 일에서도 순발력보다는 집중력을 더 필요로 한다. 잘 쓴다는 건 설득에 유능하다는 말과 동의어이다. 설득력이 높은 카피는 톡톡 튀는 순발력이 아니라 놀라운 집중력, 즉 몰입에서 나온다.

헝가리의 심리학자 미하이 칙센트미하이에 따르면 몰입이란 어떤 활동이나 상황에 완전히 빠져들어 집중하고 있는 상태이며 물 흐르는 것처럼 편안하고 하늘을 날아가는 자유로운 느낌이라고 했다. (음, 그런 느낌이 사실 어떤 느낌인지는 잘 모르겠다.) 그는 또 말한다. 몰입을 하면 몇 시간이 한순간처럼 느껴지는 시간 왜곡이 생긴다고. (그건 정말 그렇다.)

DJ정부 때의 국정홍보처 일이다. 아주 오래된 일처럼 느껴지기도 하지만, 아직 남북으로 철도 연결이 실현되지 못한 상황인 걸 생각하면, 그리 먼 얘기도 아니다. 당시에 남북 경협은 '퍼주기'라는 인식이 많았고 정부는 경의선이라는 철도의 복원과 연결이 가지는 경제적 가치와 의미를 국민적 공감으로 넓혀 가고자 했다. 몇 차례회의를 통해 좋은 아이디어들은 키핑해 두었는데, 막상이거다 싶은 게 안 나왔던 상황. 광고주에게 제시할 일정은 바로 코앞까지 닥쳐와 있었다.

회의실에서 W형에게 말했다. "경의선은 서울에서 신의주까지라는 건데, 그래서 이름도 경의선인데, 경제 협력의 의미를 생각하면, 경의선의 종착역이 신의주가 아니지 않나요?" W형이 그걸 놓칠 리 없었다. "어! 그거 좋다!" 이심전심으로 의기투합한 우리는 회의실에서 같이카피를 써 내려갔다. 그날 그 회의실에 우리 둘 뿐이었는지, 다른 누군가가 또 있었는지, 그 카피를 쓰는 데 삼십 분이 걸렸는지, 세 시간이 흘렀는지, 정말 모르겠다. 하지만 우리가 완전히 몰입해 있었다는 사실은 지금도선명한 기억으로 남아있다.

그 프로젝트를 주도했던 W형이 지금 TBWA의 박웅

현 크리에이티브 대표이고, 나는 그 팀의 카피라이터였다.

경의선의 종착역은 신의주가 아닙니다.
압록강을 건너 모스크바를 지나
파리와 런던까지 이어집니다.

경의선은 이산가족만을 실어 나르지 않습니다.
대륙과 대양을 오가는 세계의 물자들까지
실어 나릅니다.

경의선은 남북을 잇는 길만이 아닙니다.
한반도가 다시 대륙으로 이어지고,
세계 경제의 중심이 되는 지름길입니다.

경의선은 기찻길이 아닙니다.
경의선은 경제입니다.

몰입과 집중력에 대해 생각하면 성식제 작가의 〈몰두〉를 소개하지 않을 수 없다. 천천히 몰입해서 읽어보

자. 그리고 우리, 진드기처럼 쓰자.

개의 몸에 기생하는 진드기가 있다. 미친듯이 제 몸을
긁어대는 개를 붙잡아서 털 속을 헤쳐보라. 진드기는
머리를 개의 연한 살에 박고 피를 빨아먹고 산다. 머리
와 가슴이 붙어 있는데 어디까지가 배인지 꼬리인지
도 분명치 않다. 수컷의 몸길이는 2.5밀리미터, 암컷은
7.5밀리미터쯤으로 핀셋으로 살살 집어내지 않으면
몸이 끊어져버린다.

한 번 박은 진드기의 머리는 돌아 나올 줄 모른다. 죽
어도 안으로 파고들다가 죽는다. 나는 그 광경을 '몰두
(沒頭)'라고 부르려 한다.

◆

당신의 스피노자는 무엇입니까?

창피하지만 나는 아주 심한 울보였다. 물론 아주 어렸을 때의 얘기다. 어린 시절 누구나 울보의 시기를 거치지만 나는 그 정도가 좀 심했던 모양이다. 하도 울어서 벽장 안에 일시 감금까지 당해야 했다고, 모친은 지금도 어제 일처럼 회고하시곤 한다.

다 큰 어른이 되어 광고 일로 밥을 먹으면서도 나는 아주 여러 번 어린 시절 울보로 돌아갈 뻔했던 적이 있었다. 내가 쓴 카피가 마음에 안 들었을 때, 가뭄에 콩 나듯 좋은 카피를 썼는데 광고주가 야속하게도 알아주지 않았을 때, 울고 싶었다. 그럴 때 나는 스피노자를 주문처럼 떠올렸다.

C회사의 D프로젝트는 디지털 콘텐츠를 만드는 일이었다. C회사는 당시 내가 담당하던 광고주였는데, 한참 아이디어 회의를 진행하는 중에 다른 회사에도 같은 일이 나간 걸 알게 되었다. 중요한 프로젝트였는데 종합 광고대행사의 디지털 광고 이해와 실행 능력에 의구심이 생긴 광고주가 디지털 콘텐츠 전문 회사로도 슬쩍 일을 오더했던 것이었다. 화가 났고 울고 싶었다. 나는 스피노자를 떠올렸다.

그 디지털 콘텐츠 전문 회사와의 경쟁PT를 기분 좋게 이기고, 아이디어를 확정해서 촬영까지 잘 마친 후 시사를 했는데, 아뿔싸! 광고주 반응이 '쎄' 했다. 세세한 부분까지 의논하고 수정하고 함께 확정한 콘티와 카피 그대로 나온 결과물이었는데도 말이다. 한마디로 재미가 없다는 것. 화가 났고 울고 싶었다. 나는 다시 스피노자를 떠올렸다.

편집실에서 오케이 컷을 다시 보며 카피를 완전히 새로 썼다. 시사는 대성공이었고 그 해 연말에 상도 받았다.

니스였나 칸이였나. 남프랑스 어느 미술관 입구에 이렇게 쓰여 있다. "아무 일이 없을 때조차 무슨 일인가는 일어나고 있다." 카피를 쓰고 있는 일 중에도 매일 무슨 일이 일어난다. 화가 나고 울고 싶은 일들, 억울하고 얄밉고 답답하고 속상한 그런 일들 말이다. 그럴 때마다 나는 스피노자의 이 경구를 떠올린다.

징징거리지 마라.
화내지 마라.
오직, 이해하라.

뜻하지 않게 경쟁PT가 돼 버린 상황에서 우리 회사에게 어떻게 이럴 수 있느냐고 화를 내고 싶었지만 그렇게 하지 않은 건 스피노자 덕분이었다. 나는 광고주를 만나 기획 의도와 솔직한 의구심을 귀 기울여 들었다. 그 이해의 기반 위에서 카피와 아이디어를 준비했고 경쟁PT에서 이겼다. 시사가 예상과 달리 실패했을 때, 당신들도 디테일까지 다 합의해 놓고서 이제 와서 재미없다고 하면 나더러 뭘 어쩌란 말이냐, 징징거리고 싶었지만 그렇게 하지 않은 것 역시 스피노자 덕분이었다. 나는 프로젝트의 목적을 복기하며 결과물을 냉정하게 리뷰했다. 나 역시도 재미없다는 걸 부정할 수 없었다. 즉, 재미없음에 나도 동의가 되었기 때문에 내가 해결해야 할 상황이 무엇인지 명료하게 이해할 수 있었다.

문제 해결을 위한 제 아무리 좋은 카피도, 목적 달성을 위한 세상에 없던 아이디어도, 결국 다 하나의 의견이다. 의견은 사실에 대한 이해보다 선행될 수 없다. 언제나 사실에 대한 이해가 먼저다. 제대로 이해하려면 잘 들어야 한다. 의견을 궁리하고 제시하는 건 그 다음의 일이다.

내가 아는 광고인 중에도 남의 말을 절대 듣지 않는 인간이 있다. 물론 그는 스스로를 경청하지 않는 인간이라고는 꿈에도 생각하지 않을 것이다. 오히려 본인을 아이디어가 풍부한 사람으로 여기고 있을 게 분명하다. 허나 그 자신을 빼고, 그와 함께 일해 본 이들은 이구동성으로 말한다. 그는 결코 남의 말을 귀 기울여 듣지 않는다고.

잘 듣지 않고서 잘 이해한다는 건 불가능하다. 제대로 된 사실에 기반하지 못하는 의견이 설득력이 있을 리만무하다. 생각해보면 커뮤니케이션의 문제만도 아니다. 일상의 관계에서도 내 얘기를 건성으로 듣는 자를 세상의 어느 누가 좋아하겠는가 말이다. 크게 경계할 일이다.

좋은 카피를 쓰고 싶은가? 우선, 사실과 상황을 냉정하게 이해하자. 그러려면 잘 들어야 한다. 클라이언트의 말을, 소비자의 목소리를, 회의실 동료들의 견해를. 그래서 '쨍'하게 이해했을 때, 그때! 써라.

◆

당신은 놀랄 줄 아는 분인가요?

카피라이터로 참여한 첫 회의는 패션 광고였다. 지금도 제일기획 피어리스 빌딩, 그 회의실의 빛과 공기 냄새까지도 생생하다. '광고 카피쯤이야' 했던 나의 터무니없는 오만은 그 제작 회의 한방으로 완전히 무너졌다. 두 시간이 넘는 회의 내내 정말 단 한마디 말도 못 하고, 선배들의 농담 하나까지도 노트에 받아 적기 바빴다.

할 수만 있다면 숨소리까지 메모하고 싶었다. 감히 끼어들 수도 없고, 선배들의 생각 속도를 따라잡을 수도 없었다. 무엇보다 너무나 아름다웠다. 선배들은 흥미로운 논리 근거 위에서 '아!'를 던지면, 눈을 반짝이며 '어!'로 받았다. 어느새 일생을 다해도 도달할 수 없을 것 같은 백만 광년의 거리에서 '억!' 소리가 절로 나는 기가 막힌 카피들이 아테네 신전의 기둥처럼 단단히 세워지고 있었다.

나는 무력한 채 구경만 하고 있었다. 나는 얼마나 한심한 수준인가. 아주 구체적으로 만져지는 듯했다. 그리고! 잘하고 싶어졌다. 설령 끝내는 잘하게 되지 못한다고 하더라도 말이다. 그래서, 그다음은 스펀지였다. 실제 카피라이터로서 첫 일 년이 지난 후 선배들이 나를 두고 칭찬했던 말이다. 스펀지처럼 쫙쫙 흡수해서 다 제 것으로 가져간다고.

나는 회의실에서 느낀 놀라움이 당연한 줄 알았다. 무슨 말이냐 하면, 선배들의 회의나 카피를 보고 모두가 나처럼 충격을 받는 게 당연한 줄 알았다. 하지만 모두가 그렇지 않다는 걸 알게 되었을 때 또 한 번 크게 놀랐다. "에이, 선배들이 그 연차면 그 정도야 다 기본 아니겠어?" 우연히 동료들로부터 이런 반응을 접하고서, 나는 짐짓 나의 놀라움을 표 내지 않으려고 꽤 애를 써야 했다.

그때부터였던 것 같다. 나는 나 자신과 동료 선후배들을 오랫동안 그 관점으로 관찰해왔다. 그리고 지금 나는 이렇게 생각한다. 놀라움은 그 자체로 하나의 능력이며, 아무것도 아닌 것에서도 놀라움을 찾아낼 줄 아는 사람과 놀랄 만한 대상에게조차도 심드렁한 사람의 성장 그래프는 시간이 갈수록 어마어마하게 차이가 난다고.

고타마 싯다르타는 카필라성의 왕자였다. 성안에서 예쁘고 좋은 것들에만 둘러싸여 살다가, 어느 날 성문 밖을 나가 늙고 병들어 죽는 인간의 삶을 보았다. 보자마자 깨달은 게 아니었다. 그는 일단 놀랐다. 예쁘고 좋은 것만 보고 살다가 삶이 고통이라는 사실에 놀라움부터 느꼈다.

우리네 범인이 가지는 놀람과 의문이 싯다르타처럼 존재의 깨달음과 해탈에 이르지는 못할 것이다. 하지만 놀라움은 반드시 어딘가로 우리를 이끌어 간다. 부족한 앎을 돌아보게 만들어서 공부하게 하거나, 나는 못하고 그는 해내는 차이가 궁금해져 그에게서 어떤 태도를 배우게 한다. 그 시작에 '놀람'이 있다.

《출발 비디오 여행》 같은 상태를 경계한다. 미개봉 영화를 소개해주는 유명 TV 프로그램 말이다. 나에게는 그게 하나의 비유처럼 느껴지곤 한다. 본 것도 아니고 안 본 것도 아니기에, 아는 것도 없지만 딱히 모르는 것도 없는 그런 상태에 대한 비유.《출발 비디오 여행》 상태가 되면 놀랄 만한 것 앞에서도 놀라기가 어려워진다. 놀람의 상실은 크리에이터에게 치명적이다.

나는 놀랐다. 생각이 A에서 B로 훨훨 날 듯 뛰면서도 탄탄한 설득력을 놓치지 않는 것에 나는 놀랐고, 사람 좋은 인간성을 가진 선배임에도 불구하고 어쩜 저렇게 프레젠테이션을 못 하는가에 놀랐다. 완벽한 인간은 없다. 그러니 맹목적으로 누군가를 추종해선 안 된다. 허나 그만큼 아니 그보다 훨씬 더 중요한 것은, 아무것도 아닌 사람에게서조차도 존경의 포인트를 발견할 줄 아는 안목이다.

이성복 시인의 시에 놀라 마음에 새기고, 드라마 동백이의 대사에 놀라 좌절도 하고, 선배가 보여주는 판단의 명쾌함에 놀라 존경심을 갖게 되고, 동료의 허세에 놀라 스스로를 경계하고, 고양이의 말 없는 기댐에 놀라 마음이 뭉클해지고, 바흐의 무반주 첼로에 놀라 달리던 차를 멈춰 세운다.

그렇게 하면 성공한 카피라이터가 되느냐고 묻는다면, 알 수 없다고 하겠다. 하지만 우리의 영혼이 그런 놀람으로 인해 한 뼘씩이라도 성장하게 된다면 좋은 카피라이터가 될 가능성도 조금은 더 커지지 않았을까?

요즘 당신을 놀라게 한 것은 무엇, 혹은 누구인가? 별로 떠오르지 않는다면 나는 아주 큰 일이라고 말하며 의자를 당신 쪽으로 바싹 당겨 앉거나, 당신에게 흥미를 잃고 자리에서 벌떡 일어나거나, 그 둘 중 하나일 것이다.

◆

계란 후라이로 시작하는 어떤 굿바이

매일 아침 알람 소리에 눈을 뜨고, 익숙한 지하철역을 통과해 출근하던 그곳. 다니던 회사를 타의로 그만둬 본 사람은 알 것이다. 그 대책 없는 막막한 기분을.

30년 가까이 광고 회사를 다니면서, 회사의 결정으로 더 이상 출근을 할 수 없게 된 사람들을 참 많이도 봐 왔다. 친했던 선배나 후배도 있었고, 얼굴과 이름만 아는 동료들도 있었다. 함께 소주를 한잔하며 다음 행보를 물어보거나, 이놈의 회사가 인재를 알아보지 못한다고 목청껏 회사를 욕하기도 했다. 들고 나는 일이 유난히 잦은 광고업계임에도 불구하고 이별은 언제나 슬프고 쓸쓸한 일이었다.

모두가 그런 것은 아니었지만 떠나는 이들은 대부분 말없이 떠났다. 어색한 악수를 하며 '간다'는 짧은 말만 남긴 채 그렇게 떠나갔다. 간다는 사실은 너도 알고 나도 알고 모두가 아는 사실인데, 굳이 간다고 말하는 바람에 아니, 간다고밖에 말 못 하는 사정 때문에, 어쩌면 이별이 더 슬프고 쓸쓸한 일이 되어버렸는지도 모르겠다.

그러던 어느 날, 다른 누구도 아닌 내가 그 대책 없는 막막한 기분 앞에 서게 되었다. 그때 나에게 다음 행보에 대한 계획은 전혀 없었다. 나는 우선 대책 없는 막막한 기분을 잠시 미뤄두고, 이별의 말에 집중하기로 했다.

어색한 악수를 하며 '간다'는 말을 하고, 이별을 더 슬프고 쓸쓸하게 만들고 싶지는 않았다. 나는 진심으로 다시 만날 것을 믿었고, 카피라이터로서 내가 끝나지 않았다고 믿었다. 설령 다시 만나지 못하거나 카피라이터로 이게 끝이라 하더라도, 나와 함께 있던 사람들이 나를 인상적으로 기억하게끔 하고 싶었다.

회자정리 같은 말은 안 하고 싶었고, 대책 없는 막막한 기분도 드러내고 싶지 않았다. 그런 것들은 떠나는 나를 인상적으로 기억하지 못하게 할 것으로 생각했다.

『어린 왕자』의 밀밭처럼 구체적일 것! 여우는 황금빛 출렁이는 밀밭만 보면 금빛 머리칼을 가졌던 어린 왕자를 떠올리니까. 나는 어린 왕자가 아니라 실직자가 될 처지였지만 그럴수록 더더욱 여우가 되어야 한다고 생각했다. 상황이 좋을 때나 처지가 나쁠 때나 나는 세상과 사람들에게 씩씩하고 다정한 사람이어야 한다고, 나 자신에게 말해주고 싶었다. 그래서 생각한 게 '계란 후라이'였다.

전 직원에게 계란 후라이로 시작하는 메일을 보내고 한 달 후 나는 새로운 회사로 출근을 시작했다. 그리고 메일을 받았던 몇몇과는 그 후로도 다시 만날 수 있었다. 다시 만났을 때 그들은 나를 '써니사이드업'으로 기

억해주었다. 지금도 그때의 메일을 기억하는 사람과 만
날 때면 우리는 황금빛 노른자처럼 환하게 웃는다.

메일 제목 : 계란 후라이로 시작하는 어떤 굿바이

보낸 사람 : 이원홍

후라이 좋아하세요?

외국 호텔에서 아침 먹을 때 물어보잖아요,

어떻게 해주냐고.

어쩌다 써니사이드업을 알게 됐는데,

그 말이 히야 멋지더라고요.

써니 사이드 - 햇빛 밝은 쪽

업 - 한번 위로 향한 면을 결코 뒤집지 않는

그 후로 제 선택은 쭉 써니사이드업입니다.

광고라는 게 제겐 써니사이드업 같다는

생각이 듭니다.

어쩌다 알게 돼서, 히야 멋지다, 그 후로 쭉~

타산지석과 반면교사가 차고 넘치는 광고 세상에서
치킨과 키친을 언제나 헷갈려 하면서도
ㅊ과 ㅋ을 분별하려고 애써왔다 생각합니다.
눈 안(眼)을 써야 할 자리에 잠잘 면(眠)을 쓰는 식으로
일하진 않았나
스스로를 향한 리뷰에 엄격했다고 자부합니다.

인간이란 무엇이냐?
광고를 업으로 하면서, 인간이란 무엇이냐는 질문이
대체 왜 중요하냐?
크리에이티브는 또 무엇이냐?
하는 물음들엔 아마도 답이 없거나 아니면 수만 가지
답이 존재하겠지만
저는 늘 믿어온 저의 답을 말해 왔고,
그렇게 말했으므로 그렇게 살 겁니다.

누구나 죽습니다. 예외는 없습니다.
어떤 만남에도 끝은 옵니다. 예외는 없지요.
끝이 오면 우주를 떠올려 보는 것이
좋다고 저는 생각해 왔습니다.

너도 나도 우리는

다 고독한 우주의 유일한 별빛이라 했던,

제가 좋아하는 시인을 떠올려 봅니다.

유일한 별빛으로서의 존재가 누구를 추종하거나

또는 함부로 누군가에게 훼손당하는 건

상상할 수 없는 일 아니겠습니까?

그렇게 믿는 한 그렇게 말할 것이고,

그렇게 말했으므로 그렇게 살 겁니다.

사랑도, 광고도, 어쩌면 산다는 것도

결국 어떤 인상을 남기느냐의 문제라고 생각합니다.

나는 어떤 인상을 남겼을까 생각하면

두려운 마음이지만

여기서의 마지막 문장을

칼 세이건 식으로 쓰고 싶습니다.

광막한 공간과 영겁의 시간 속에서

섬광 같은 한순간을 공유할 수 있었다는 사실에

감사한다고.

그렇게 믿는 한 그렇게 말할 것이고,

그렇게 말했으므로 그렇게 살 거예요.

행운을 빕니다. 안녕히.

◆

어떤 산책은 모든 책보다 낫다

나는 알고 있다. 오직 책이 아니면 만날 수 없었던 숱한 마음의 파문과 생각의 일깨움을. 그 감동과 깨달음의 경험들은 '나'라는 어리석은 존재를 지금의 인간으로 끌어올려 주었고, 그 중의 어떤 것들은 시간의 숙성을 거쳐 환생하듯 카피로 태어났다.

하지만 카피라이터를 위한 책을 추천해달라는 부탁을 받을 때면 나는 늘 책 중의 책은 '산책'이라고 말해왔다. 여기서도 카피라이터를 위한 습관으로 독서보다 산책을 먼저 말하고 싶다.

나는 알고 있다. 책 많이 읽은 나쁜 놈들을. 뉴스에 자주 등장하는 나쁜 놈도 알고, 그냥 주변에 있는 나쁜 놈도 안다. 학교에도 있고, 회사에도 있고, 회의실에도 있고, 카톡 친구 리스트에도 있다. 사실 책이 무슨 죄가 있겠는가. 나쁘게 써먹는 놈들이 문제지.

책은 저자가 가진 노하우와 사상의 집약체다. 그래서 책이 가지는 아우라는 다른 무엇과도 비교될 수가 없다. 그래서 시대가 아무리 달라졌다 하더라도 책의 권위는 별반 달라지지 않는다.

책 많이 읽은 나쁜 놈들은 책의 권위를 나쁘게 쓴다. 많이 읽었다는 사실 자체를 자기 과시의 재료로 삼거나, 제 생각은 없이 책에서 가져온 말을 제 말인 양 쓰기도 한다. 하룻밤에 만 권의 책을 읽는다 한들 그런 독서는 좋은 카피라이터가 되는 데에 전혀 도움을 주지 못한다.

세상의 모든 '나'는 유일한 존재다. 카뮈보다, 김훈보다, 쉼보르스카나 카프카보다, 유일한 존재로서 내가 우선이다. 광고 카피는 차별화의 숙명을 필연적으로 안고

가는데, 독서란 '나'라는 유일한 필름에 감광된 카뮈와 같다. 그래서 남들이 다 아는 카뮈 가지고서는 애당초 써먹을 데가 없다. 내가 세상에 유일한 존재인 만큼 나에게 공명한 카뮈 역시 유일무이해야만 한다. 그래서 적어도 카피라이터를 위한 독서라면 남들이 다 알고 있는 카뮈가 아닌 '새로운' 카뮈에 방점을 찍어야 한다. 그러니 무턱대고 남들이 좋다는 책을 펼쳐보기에 앞서 나를 들여다보는 일에 더욱 시간을 쏟을 일이다.

나를 들여다보는 데에는 산책만한 '책'이 없다. 산책은 굳이 멀리 제주 올레길이나 산티아고 순례길일 필요는 없다. 내가 사는 동네의 익숙한 골목길이면 어떻고, 차로만 다녀 오히려 눈에 닿는 풍경이 낯선 출퇴근길이면 또 어떠하랴. 만일 이 세상에 '카피의 신'이 있다면 익숙한 나의 일상 속에 있거나 아니면 아예 없을 것이다. 그리고 그렇게 걷다 보면 보인다. 교교한 달빛 아래 미숙하고 욕심 많은 내가 보인다. 그리고 들린다. 못난 나를 이 세상 유일한 존재로서 응원해주는 우주의 뭉클한 박수 소리가.

산책의 신비라 불러야 할까, 카피의 신을 만났던 밤이라 불러야 할까. 그날 밤도 그런 밤이었다. 어떤 책도 눈에 들어오지 않던 밤. 편의점 앞을 지나 화장품 가게 앞을 지날 때쯤, 맞은편에서 엄마 손을 잡고 걸어오던 아이가 엄마에게 물었다.

"밤이 오또케 아침이 돼?"

이 까만 밤이 도대체 '오또케' 그처럼 찬란한 아침으로 변할 수 있는 건지, 선명하고 천진하게 질문을 던지는 아이의 호기심 가득한 표정은 실의에 빠진 산책자지만 세상 유일한 존재인 '나'를 흔들었다. 뻔한 정답을 찾으려 애쓰지 말고 수만 가지 답이 펼쳐질 수도 있는 질문을 찾아보라고 아이의 표정은 말하고 있었다.

오늘 밤도 슬슬 산책을 나가야겠다. 모니터도 끄고 핸드폰도 그냥 던져둔 채. 세상 모든 책에 우선하는 산책길에서 기쁘게 혹은 아프게 만날 '카피의 신'을 기대하면서 말이다.

◆

우리 좀 계산적으로 살자구요

"저는 계산적인 사람을 좋아합니다. 제 자신도 더 계산적인 사람이 되려고 노력합니다."

그렇게 나를 소개한다면 당신은 어떻게 생각할까? 나쁜 놈이라고 재빨리 단정짓진 않더라도 "이상한 녀석이군. 약삭빠르게 제 잇속을 챙기겠다는 거겠지." 그 비슷하게 생각하지 않을까? 나는 좋은 카피를 쓰기 위해서는 계산적이어야 한다고 생각한다. 카피라이터가 아니더라도 더 많은 사람들이 더 계산적이면 좋겠다고도 생각한다.

가끔은 우리가 순수에 대해 지나친 찬양을 바치고 있

는 게 아닐까 하는 의심을 가질 때가 있다. 혹여 남의 마음을 다치게 하거나 때로 그게 지나쳐서 폭력적인 경우에조차도 "순수한 마음으로 그랬을 거야, 알고 보면 착한 사람이거든, 잘해보려고 한 거니 의도를 좋게 봐줘" 하면서 애써 이해해주려는 정서가 있다는 얘기다.

우리는 각기 다른 존재다. 각자의 입장과 견해도 다를 수밖에 없다. 내가 문제라고 느끼는 순수한 태도는 상대가 누구든 상대를 의식하지 않고 자기 할 말을 한다는 것을 말한다. 반대로 내가 좀 억울하더라도 상대의 마음을 냉철하게 예측하고 그에 기반해서 나의 메시지를 설정하는 것, 그것이 내가 생각하는 계산적인 태도다.

광고 카피란 결국 타깃을 예측해서 화자에게 긍정적인 태도를 강화하거나 호감과 긍정의 방향으로 전환을 유도하는 것이라 할 수 있다. 그걸 잘하려면, 계산할 수밖에 없지 않겠는가? 표현을 일부러 '계산적'이라고 과격하게 해서 그렇지 실은 그게 전략적인 사고와 같은 말인 셈이다.

내가 있는 회사는 인하우스 에이전시다. 그룹에 속한 광고 회사다. 연말이면 각 계열사의 임원들이 모두 모인 자리에서 각 사의 새해 사업 계획을 발표한다. 아침 일찍부터 온종일 딱딱한 숫자와 비장한 각오를 듣고 말해야 하는, 심각하기도 하고 지루하기도 한 자리다. 우리 회사의 발표는 3시 40분부터였다.

"우리 그룹에서 저희 회사는 3시 40분 같은 존재라고 생각합니다. 가장 힘들고 어려운 타이밍에 뭔가 역할을 해 주길 요구받지만 정작 그 공이 빛나기는 어려운 존재, 그런 게 그룹에 속한 광고회사 아닐까요? 손에 쥔 떡은 덜 맛있어 보이고, 옆집 잔디는 언제나 더 푸르러 보이는 법이니까요. 제 발표를 들어 보시고 '아, 나쁘지 않은데' 정도 생각되신다면 잠도 쫓을 겸 박수나 크게 한 번 쳐주시면 좋겠습니다. 아이디어로 밥 먹는 자들이란 사기가 중요해서 잘한다 잘한다 하면 더 잘하고 싶어지거든요. 자, 그럼 핵심만 설명 드리겠습니다..."

나는 계산했고, 그 계산은 기분 좋게 들어맞았다.

계산 사례 하나만 더 들어보겠다. 우리 아이가 고등학생일 때였다. 가정통신문을 가져와서 내일 다시 가져가야 한다며 책상에 올려놓는 것이었다. 이 땅의 모든 고등학생들이 그렇듯 오랜 학습의 피로와 성적에 대한 불안과 십 대 특유의 우울이 합쳐져서 부모 처지에서 보고 있자니 실로 마음을 후벼 파는 듯한 표정이었다.

나는 생각했다. 아니, 계산했다. 여기 가정통신문에 부모가 쓰는 코멘트의 메인 타깃이 누구일까? 담임 선생님이 과연 맞을까? 제 불안과 우울을 부모는 어떤 생각으로 지켜보고 있는지 궁금해서, 가정통신문을 제출하기 전에 틀림없이 먼저 읽어보려 할 내 아이가 담임 선생님보다 몇만 배 더 중요한 커뮤니케이션 타깃이 아닐까?

그래서 나는 학교 선생님이 아니라 내 아이에게 해주고 싶은 말을 가정통신문에 써서 보냈다. 나는 계산했고, 그 계산은 기분 좋게 들어맞았다. 당신이라면 당신의 아이가 선생님보다 먼저 읽어볼 가정통신문에 뭐라고 쓰겠는가?

지금은 대학원생이 된 그 딸이 얼마 전 내 생일에 이런 카드를 보내왔다.

"나는 나중에 아빠 같은 사람이랑 결혼할 거야. 사랑해!"

딸도 딸의 계산이 있었을까? 그렇다면 그 계산은 적중했다. 모두가 더 행복해졌으니 말이다.

◆

'잘 모르겠다'는 말

카피는 연애편지다. 결국, 이 브랜드와 제품을 사랑해달라고 하는 말이다. 그렇다면 카피라이터는 연애편지를 잘 쓰는 사람이다. 사랑을 고백하고 상대의 마음을 얻는 일에 유능하려면 편지를 쓰는 기술도 좋아야 하겠지만 연애가 어디 테크닉만으로 되나?

사랑을 할 때 우리는 끊임없이 상대를 의식하고 행동하지만 상대방이 나를 보는 시선은 결국 나의 본래 모습에 가닿기 마련이다. 내가 어떤 사람인지, 본래 어떤 성격을 가졌는지. 이런 모습은 결국 나는 무엇을 하지 않는 사람인지를 통해 구체적으로 드러난다. 그렇다면, 소비자와 연애를 해야 하는 카피라이터는 무엇을 하지 않는 사람이어야 할까?

나는 농담으로라도 클라이언트를 '주님'이라고 부르지 않는다. '유느님'이니 '치느님'이니 하는 말도 절대 입에 올리지 않는다. 모든 인간은 예외 없이 불완전하기에, 존경할 순 있어도 추종할 수는 없다고 생각하기 때문이다. (물론 치킨은 인간이 아니기는 하나. -_-;;) 그렇기에 클라이언트를 주님으로 부르는 순간 그 프로젝트는 위험해진다. '주님'이라고 추종하는 광고주와 어떻게 논쟁을 하고, 어떻게 설득을 할 수 있겠는가. 그렇게 클라이언트가 하자는 대로 따르기만 하는 카피라이터는 필연적으로 실패하고 만다.

나는 '광고에 정답은 없다'고 말하지 않는다. 광고 비즈니스의 숙명 중 하나는 예측이라는 것이다. 문제를 해결하기 위해 또는 목표에 다다르기 위해 어떤 메시지를 어떤 방법으로 커뮤니케이션할지, 언제나 미래형으로 말할 수밖에 없다. 제안이란 미래에 속하는 것이니 말이다.

마케팅 교수는 이미 승패가 검증된 프로젝트의 케이스를 과거형으로 말하지만, 현업의 카피라이터는 회의실에서 실행되기 전 아이디어를 미래형으로 말한다. 아직 세상에 태어나지 않은 아이디어의 설계도와 청사진만 가지고서 미래의 성공을 예측한다는 건 실로 대단히 어려운 일이다.

　　그런데 그 어려운 실행의 논의 과정에서 '광고에 정답은 없다'는 식의 얘기가 나오는 타이밍이란 게, 꼭 비겁하게 결정의 책임을 미루거나 아이디어의 뾰족함을 뭉툭하게 후퇴시키는 경우에 일어난다.

　　"그 아이디어만 너무 고집부리지 말고, 여러 사람 얘기를 반영하라구, 광고에 정답이 어디 있나? 안 그래?"
"아이디어 A는 이래서 좋고, 아이디어 B는 저래서 좋으니까, A와 B를 합쳐보지 그래? 더 좋은 게 나올지 누가 알아? 광고에 정답은 없는 거니까 말야."

　　아마 지금 이 순간에도 정답에 가까웠을 아이디어를 헌신짝처럼 버려둔 채 혼돈의 미궁을 떠도는 프로젝트가 허다할 것이다.

광고에 정답이 없다는 말은 커뮤니케이션의 특성상 1+1=2 같은 명확한 답이 존재하는 건 아니라는 얘기이다. 하지만 하나의 정답이 존재하진 않더라도, 더 나은 답이나 지금 꼭 필요한 답은 반드시 있다. 아니, 어쩌면 정답이 하나만 있는 게 아니기 때문에 더더욱 지금 꼭 필요한 답이 뭔지, 더 나은 답이 뭔지, 그걸 찾기 위해 집중해야 한다. '정답은 없는 거잖아'라며 도망쳐서는 안 된다는 것이다.

나는 회의실에서 '잘 모르겠다'는 말을 하지 않는다. 만일 같이 일하는 크리에이티브 디렉터가 또는 그 광고 회사의 본부장이나 대표가 회의실에서 카피라이터의 아이디어를 실컷 들은 후 '잘 모르겠다'는 말을 자주 한다면, 이렇게 당신에게 조언하고 싶다.

"어서 도망쳐!"

카피나 아이디어의 결정 과정에서 '잘 모르겠다'는

말을 왜 자주 하면 안 되는지, 이문재 시인의 시 〈어떤 경우〉를 같이 읽어보면서 생각해보자.

어떤 경우에는
내가 이 세상 앞에서
그저 한 사람에 불과하지만

어떤 경우에는
내가 어느 한 사람에게
세상 전부가 될 때가 있다.

어떤 경우에도
우리는 한 사람이고
한 세상이다.

◆

회의를 구경만 해선 회의를 구할 수 없다

"죄송해요. 제가 참았어야 했는데..."

아직 모든 직원들이 출근하기도 전인 이른 아침, 나를 찾아온 카피라이터 후배 K는 고개를 푹 숙였다.

"아냐, 틀렸다."

내가 그렇게 말하자 K는 의아한 표정으로 고개를 들어 나를 봤다. 그래, 역시 내가 잘못한 게 아니었을지도 몰라. 어쩌면 선배는 괜찮다고 나를 격려하려는 걸까...

나는 K의 얼굴에 잠시 스치는 그 표정을 놓치지 않고 계속 말을 이어갔다.

어제 광고주 미팅 얘기 들었어. 네가 얼마나 이 프로젝트를 정성껏 준비했는지 누구보다 잘 안다. 카피와 아이디어 리뷰에서도 나는 A안, B안 모두 좋다, 꼭 실행했으면 좋겠다고 했던 거 기억하지? 그런데 어제 기획팀과 같이 간 회의 내내 크리에이티브의 디테일에 대해 광고주가 이런저런 네거티브한 지적을 했다지.

아마 너는 있는 힘을 다해 참고 있었겠지. 그렇게 묵묵히 듣다 듣다 어쩌면 앞의 얘기들에 비하면 별거 아닌 말에 폭발한 셈이겠지. 그건 진짜 아니라고 생각합니다, 라고. 그 말을 할 때 넌 틀림없이 광고주와 하는 논의라는 점을 고려해 최대한 감정을 억누르고 말했을 거야. 최소한의 예의를 갖추느라고 말이야. 그렇지? 왜 네가 틀렸다고 했느냐면 말이야, 꼭 두 가지를 알려주고 싶어서 그래.

회의 내내 애써 참다가 마지막까지 참지 못한 게 잘

못이라면, 난 그게 틀렸다고 생각해. 치음부터 적극적으로 개입했어야 했어. 최대한 앞부분에서부터 상황을 여우처럼 영리하게 통제했어야 한다는 거지. 받을 건 받아주고, 무시할 건 짐짓 지나치고 증폭시킬 만한 얘기는 좌중을 주목하게 해주고. 누가 키맨인지, 회의의 공기는 어떻게 시시각각 변해가는지, 빠르게 읽고 그에 맞는 구체적 대처를 해야 했어.

알아. 쉽지 않지. 어려운 일이야. 고도의 집중력이 필요하지. 사전에 만반의 준비도 필요하고 말이야. 그렇게 했어도, 물론 잘못될 수는 있지. 논리적으로 옳은 답변을 했는데 그게 오히려 회의 결과를 망치게 되는 어처구니 없는 일도 생기지. 드문 일도 아니야. 그래도 해야 할 일을 하는 거야. 그게 중요해.

성경의 전도서 3장 알지? 천하만사 다 때가 있나니 사랑할 때가 있고 미워할 때가 있으며 전쟁할 때가 있고 평화할 때가 있느니라. 거기 보면 이런 구절도 있지. 잠잠할 때가 있으며 말해야 할 때가 있다고. 회의는 카피라이터가 말해야 할 때야. 꼭 광고주와의 회의가 아니더라도 기획팀과의 회의건 제작 임원과의 리뷰건 마찬가지야.

회의실에서 카피 아이디어를 설명하고 나면 여러 얘기들이 나오잖아. 너도 잘 알다시피 남이 써놓은 걸 보고서 하는 말들이 꼭 예리한 지적만 있는 건 아니지. 하나 마나 한 소리, 원론적인 얘기, 얼토당토않은 제안, 첫 번째 제작 회의쯤에서 이미 검토가 끝난 초보 수준의 아이디어, 그런 것들이 쏟아지곤 하지 않니? 바로 그때, 다른 누구도 아닌 네가 답변의 책임을 진 화자라고 생각해야 해. 설명하고 설득하고 감싸주고 네 열정과 확신과 태도에 흔쾌히 압도되도록 해야 된다고. 뭘 가지고? 네가 가진 지식과 언변과 센스와 표정과 성격과 몸짓, 이 프로젝트에 대한 준비만이 아니라 지금까지 네가 배우고 가진 모든 것을 가지고서 말이야.

네가 연애를 하는데 이성에게 과묵한 스타일이라면 그건 너의 사생활이니까 우리가 같이 논의할 문제는 아니지. 그러나 카피라이터인 네가 애써서 훌륭한 카피들을 뽑아 놓고는 회의실에서 '자, 봐봐, 알겠지?' 그게 끝이라면 곤란해. 기억하렴. 말하지 않아도 안다는 선 초코파이거나 어리광일 뿐이야.

회의실에서 과묵한 건 직무유기야. 도무지 쓸 데라고는 하나도 없는 얘기를 눈치도 없이 오래 늘어놓는 통에 회의 분위기까지 망쳐버리는 그런 수다쟁이가 되어서는 안 되겠지만 말이야.

관망하는 프로는 없어. 흘러가는 논의를 구경만 한다는 건, 백마 탄 왕자가 홀연히 나타나 네 카피를 구원해주기를 기다리는 것과 같아. 재투성이가 되어버린 네 카피를 구원할 자가 누구라고 생각하니? 훌륭한 카피를 쓴 사람, 바로 너! 오직 너뿐임을 부디 잊지 말아 주면 좋겠다. 나보다 뛰어나게 멋진 카피를 척척 써내는, 내 사랑하는 후배 카피라이터야.

"알려주고 싶다는 게 두 가지라고 안 하셨어요? 다른 하나는...?"

묵묵히 듣던 K가 눈빛을 반짝이며 물어왔다. 둘밖에

없던 회사엔 어느새 직원들이 모두 출근해 있었고, K도 나도 예정된 회의를 위해 서로 다른 회의실을 향해 서둘러야 할 시간이 되었다.

◆

낫씽 앤 에브리씽

벌써 여러 해 전의 일이다. 신문을 훑어보다가 칼럼 하나에 눈길이 갔다. 평소 믿고 보는 평론가의 글이었던 데다가 그 칼럼은 이렇게 시작하고 있었기 때문이었다.

"생각하는 대로 살지 않으면, 사는 대로 생각하게 된다."

삶의 태도에 대해 대단히 단호한 설득력을 지니고 있는 말이어서 한번 들으면 쉬이 잊을 수 없는 문장이다. 저 말을 아주 많은 사람들은 폴 발레리(Paul Valéry)가 한 말로 알고 있다. 그때 칼럼의 필자도 예외는 아니어서 폴 발레리가 한 말로 출처를 밝히고 있었다. 내가 처음 저 문장을 만났을 때 나는 왠지 "바람이 분다 살아야겠다"는 싯구로 유명한 그 폴 발레리가 아닐 것 같아서 누가 한 말인지 직접 찾아봤던 적이 있었다.

결론부터 얘기하자면 폴은 폴이지만 폴 발레리가 아닌 폴 부르제(Paul Bourget)의 말이다. 이름도 비슷하고 프랑스 작가라는 점도 같지만 폴 발레리와 폴 부르제는 엄연히 다른 사람이다. 이 글을 쓰면서 검색해보니 중앙선거관리위원회 공식 페이스북 계정에서도 2018년 7월 2일 포스팅에 〈한 주를 여는 명언〉으로 폴 발레리의 말이라며 포스팅이 올라와 있다.

두 종류의 사람이 세상에 있다면 한쪽은 폴 발레리건 폴 부르제건 그게 뭐 그렇게 중요하냐는 사람들일 것이고, 다른 한쪽은 "히야! 그걸 놓치지 않았네!" 하는 사람들일 것이다. 짐작하시겠지만 나는 후자다.

디테일에 대한 김훈 작가의 일화는 유명하다. 버려진 섬마다 꽃이 피었다고 쓸지, 꽃은 피었다고 쓸지 아주 오래 고심했다는 이야기. 어떤 소사를 쓰느냐 하는 선 표현의 문제이고, 폴 발레리냐 폴 부르제냐 하는 건 사실의 문제지만, 어떤 경우에든 작은 디테일 하나도 결코 사소하게 취급해선 안 된다. 카피라이터라면 더더욱 '작은 것' 하나 놓치지 않으려는 주체적 태도가 필요하다.

노르웨이의 시인 울라브 하우게(Olav H. Hauge)는 시 〈진리를 가져오지 마세요〉에서 우리가 원하는 건 큰 바다가 아니라 물이고, 천국이 아니라 빛이며, 새가 호수에서 물 한 방울을 가져오고 바람이 소금 한 톨을 가져오듯, 이슬처럼 '작은 것'을 가져오는 것이라고 말했다.

P인터넷 쇼핑몰 카피를 쓸 때의 일이다. "사랑엔 돈이 든다. P에선 조금 덜 든다"가 키 카피였는데 이왕이면 '조금'을 빼고 그냥 "P에선 덜 든다"로 가자, 오히려 "P에선 돈이 안 든다"로 가자, 이걸 놓고 아주 오랫동안 논의를 거듭했었다. 하지만 나는 양보하지 않았다. '조금'이라는 한마디가 꼭 들어가야만 소비자의 공감대를 의미 있게 터치할 수 있다고 확신했기 때문이었다.

농심의 오징어짬뽕 광고 회의는 초반부터 산으로 가고 있었다. 아니, 우주로 가고 있었다. 다른 짬뽕 신제품들을 분석하기에 여념이 없었고, 뭔가 희뜩한 아이디어에 기대려는 분위기로 흐르고 있었다. 실제로 우주에서 외계인이 날아오는 아이디어도 회의 테이블 위에 올라와 있었다. 나는 새롭게 알게 된 짬뽕의 경쟁자들과 소비자들에 대한 흥미로운 이야기에 귀를 기울이면서도, 이미 익숙하게 알고 있는 오징어짬뽕 패키지를 뚫어져라 쳐다보고 있었다.

그리고 확신했다. 오징어짬뽕이 왜 오징어짬뽕인가? 왜 이토록 오랫동안 치열한 시장 경쟁에서 살아남고 사랑받아 왔는가? 그 핵심이 오징어가 아니면 뭘까? 고창석 배우의 코믹한 연기까지 덧붙여, 카피는 그렇게 태어났다.

오징어 없는 짬뽕이 짬뽕이니?

대세에 지장 없겠구먼, 뭘 그리 고집을 부리냐. 뭔가 대단히 새로운 무엇이 아니라 이미 알고 있었거나 너무 사소해 보이는 것에 지나치게 의미를 부여하는 건 아니냐. 그게 다 작은 걸 놓치지 않으려는 태도에 닥쳐오는 고난들이다. 흔들리지 말고 작은 것이 큰 것임을 믿으시길 바란다. 각각의 구체적 케이스에서 그 작은 것에 천착하는 것이 쓸데없는 집착이 아니라 통찰력 있는 직관이어야 하는 건 물론이다.

마지막으로 영화 이야기만 하나 더 해보자. 영화『킹덤 오브 헤븐』에서 주인공 발리안은 마지막 장면에서 "예루살렘이란 게 대체 당신에게 무엇이냐?"고 묻는다. 적장 살라딘은 이렇게 대답한다.

낫씽... 앤 에브리씽.

커뮤니케이션에서 디테일이 무엇이냐는 물음에 나는 같은 답을 하고 싶다.

낫씽... 앤 에브리씽.

◆

책등만 봐도 건질 게 있다

책 중의 책은 산책이라고, 책 많이 읽은 나쁜 놈들이 수두룩 빽빽하다고, 앞에서 얘기했다. 이쯤에서 다른 마음을 고백해야겠다. 그것은 일부러 놓는 어깃장 같은 것이었고, 책을 읽는 주체가 '나'라는 걸 잊지 말자는 강조였다고.

그렇다. 책을 읽지 않고 좋은 카피라이터가 되는 일은 몹시 어렵다. 더 솔직히 얘기하자면, 나같이 미욱한 인간이 독서 없이 성장해 나아간다는 건 거의 불가능하다.

거뮤니케이션은 다인의 삶에 대한 이해가 필수다. 남의 삶을 직접 경험한다는 것은 불가능한 일이기 때문에 간접 경험으로서의 독서는 매우 중요하다. 나와 다른 삶을 사는 타인에게 브랜드의 가치를 공감하도록 유도하거나 제품의 필요를 자극하도록 하는 의도된 글쓰기, 그게 광고 카피다. 그래서 카피라이터라면 다른 사람의 마음과 생각, 삶에 대해 어떤 식으로든 평소에 많이 읽어두어야 한다.

무엇을 읽는지는 정작 중요하지 않다. 도스토옙스키 같은 고전만 책이 아니니까. 이불 속에서 귤 까먹으며 보던 만화책의 어느 한 대목이 누군가에겐 잊을 수 없는 영감의 원천이 될 수 있고, 노래방 화면 아래로 흐르는 대중가요의 가사도 포착하는 안목에 따라선 훌륭한 독서가 될 수 있다. '가로등도 졸고 있는 비 오는 골목길'이라든가 '첫사랑 그 소녀는 어디에서 나처럼 늙어갈까'라든가. 어떤 가사든 누군가의 심금을 울리는 독서가 될 수 있다. 물론 그렇지 않은 가사도 많긴 하지만.

독서에 있어서 가장 중요한 건 무엇일까? 갈망이다.

무엇을 어떻게 썼길래 남의 마음을 터치 할 수 있었는지 스스로 궁금해하는 갈망이 있어야 한다. 그런 갈망을 가진 사람이라면 읽지 않으려야 읽지 않을 수 없을 것이다.

독서가 중요한 이유를 하나 더 들고 싶다. 판단과 협업을 잘하기 위해서도 독서는 필요하다. 카피를 쓴다는 게 처음엔 발상의 문제로 여겨지지만 일을 알아가면 갈수록 판단의 문제가 더 크다는 걸 깨닫게 된다. 손자병법이나 노자를 읽고 마음에 새겨 둔 밑줄들이 일의 우선순위를 판단하거나 전략적 선택을 해야 할 때 더 큰 힘이 된다는 것이다. 그리고 카피를 쓴다는 게 홀로 하는 외로운 일이기도 하지만 역시나 일을 알아가면 갈수록 콘텐츠란 결국 함께 만들어가는 공동 작업임을 절감하게 된다.

비단 광고만 그럴까? 사회에서 일을 한다는 것 역시 결국 누군가와 함께한다는 말과 같은 의미 아닐까? 나와는 생각도 스타일도 다르지만, 그들과 함께 성취를 도모해간다는 것은 신나고 짜릿한 시간보다 괴롭고 지치고 상처를 주고받는 시간이 더 많을 수도 있다는 것을 의미한다. 타인의 마음속이 지옥인지 내 마음이 지옥인지 그때그때 달라질 수 있겠지만, 독서를 통해 인간을 이해하는 폭이 한 뼘이라도 넓어진다면 더 나은 협업을 위해 뭐가 필요한지 조금은 더 잘 알 수 있게 된다.

책꽂이에 책을 꽂았을 때 제목이 보이는 면을 책등이라고 한다. 생각이 막히거나 사람 때문에 힘이 들 때 나는 책장 앞에 멍하니 서서 책장에 꽂힌 시집들의 책등을 일별하곤 한다. 『잠자는 돌』, 『눈앞에 없는 사람』, 『왼쪽 가슴 아래께에 온 통증』...

그러다 불쑥 어떤 책을 꺼내 읽게 되고, 앉아서 몰입

하게 되고, 그 책은 또 다른 어떤 책을 궁금하게 만들고, 그러다 보면 요시노 히로시(吉野弘)의 〈I was born〉같은 시도 인연 따라 만나게 된다. 만약 〈I was born〉을 처음 읽게 된다면 틀림없이 당신의 영혼에 깊이 아로새겨질 테고, 그것은 언젠가 당신의 좋은 카피로, 혹은 삶에 대한 더 나은 태도로, 이전에는 없었던 아름다운 행동으로, 분명히 당신의 것으로 다시 태어날 것이다. 그렇게 본다면 이 세상 모든 책은 실용서 아닌 게 없다.

　믿어도 좋다. 그렇게 책등만 읽어도 건질 게 있다.

◆

이치로는 아니지만

밴댕이는 다 자란다 해도 12cm. 게다가 몸 크기에 비해 내장이 들어 있는 속은 아주 작아서 마음 씀씀이가 좁고 얕은 이를 두고 밴댕이 소갈머리라 한다. 원래부터 밴댕이가 아니었어도 일을 하면 할수록 밴댕이가 되기 딱 좋은 직업을 꼽는다면 광고 카피라이터가 세 손가락 안에 너끈히 들지 않을까.

모든 아이디어는 연약하게 태어난다. 완성되기 전까지는 사소한 훼손의 시도에도 쉽게 죽어버린다. 그래서 타인의 평가에 지나치게 예민해지게 되고 그러다 보면 카피라이터는 밴댕이가 되기 쉽다. 아이디어란 구체적일 수밖에 없고 좁은 입구를 깊게 후벼 파서 찾아야 하는 것이다 보니, 넓게 보기보다는 좁게 보는 데에 익숙해지기도 하는데 그 또한 밴댕이가 되기 쉬운 이유라 할 수 있다.

그러나 밴댕이가 되어선 곤란하다. 더 큰 카피라이터로 성장하기 위해서도 그렇고, 한 인간으로서 사랑하는 사람들과 행복하게 살기 위해서도 그렇다. 밴댕이 소갈머리가 되지 않으려면 어떻게 해야 할까? 나는 일상의 루틴을 유지하는 게 가장 중요하다고 생각한다.

인생은 길다. 커리어도 길게 봐야 한다. 광고는 지적인 비즈니스인 동시에 육체적으로 고달픈 노가다다. 한두 번 장사할 게 아니라면 정신도 육체도 평상의 컨디션을 가능한 한 베스트로 유지할 수 있어야 한다. 평상의 루틴을 단단하게 붙잡고 있으면 비상 상황에서의 대처도 남들보다 대범해질 수 있다. 동료의 시니컬한 아이디어 비평에 대해서도 웃으며 설득하는 일이 가능해지고, 최선을 다한 일이 최선의 결과로 이어지지 않더라도 씩

씩하게 다음을 노보하며 여유를 갖는 것이 가능해진다. 말하자면, 다운은 허용해도 케이오는 당하지 않기 위해 일상의 루틴을 건강하게 관리할 필요가 있다는 것이다.

나는 매일 6시 20분 알람 소리를 듣고 한 번 만에 일어난다. 두 팔을 위로 쭉 뻗어 신음소리를 내며 기지개를 켜고 사과, 당근, 레드비트를 함께 간 주스로 아침 식사를 한다. 7시 30분 회사에 도착해서 동료들이 출근하기 전까지 한겨레와 조선일보, 한국경제신문을 훑어본다. 출근하는 직원들의 눈을 보면서 웃으며 인사를 한다. 인사말은 언제나 "좋은 아침!"이다. 어떤 회의든 시작 전에 들어간다. 회의실을 나올 땐 내가 어떤 기여를 했는지 머릿속으로 복기한다. 아침에 일어나서 잠자리에 들기 전까지는 한 번도 눕지 않는다. 턱걸이와 푸시업, 스쿼트를 이틀 이상 거르지 않고, 일주일에 두 번 이상 부모님께 안부 전화를 건다. 통화할 땐 실없는 농담으로 어머니를 한 번 이상 웃게 해드리는 목표가 있는데 성공 확률이 꽤 높은 편이다. 밤 10시 37분 이전에 잠자리에 드는 게 좋다는 리포트를 본 이후로는 그 시간에 집에 있는 평일이라면 되도록 일찍 자려고 한다. 주말엔

무선 헤드폰을 쓰고 좋아하는 팝송이나 가요를 따라 부르며 한 시간 이상 자전거를 탄다. 회사에서도 집에서도 늘 손 닿는 곳에 책을 둔다. 이것이 나의 루틴이다.

　루틴으로 유명한 운동선수 중에 야구 선수 이치로가 있다. '내일도 경기하기 위해 오늘을 준비한다'는 마음으로 1년 365일 중 362일을 똑같은 루틴으로 생활한다고 한다. 무엇이든 한두 번 시도하는 건 누구나 한다. 하지만 단순한 걸 반복해서 꾸준히 한다는 건 완전히 차원이 다른 문제다. 그걸 매일 지키고 있는 이치로를 보면 대단하다는 감탄을 넘어 경외감마저 든다.

　마하트마 간디에게 영향을 준 영적 구루들의 가르침은 '심플 리빙, 하이 씽킹'으로 요약될 수 있다. 어떤 사건 때문에라도 내면의 평화를 깨뜨리지 말고 끊임없이 새로운 기쁨을 발견하며 나아가라는 메시지. 일상의 루틴을 건강하게 유지하는 건 성취를 위해서도 그리고 내면의 평화를 위해서도 꼭 필요한 습관이다.

◆

오십 보는 오십 보고, 백 보는 백 보다

옛말 틀린 거 하나 없다는 말, 그 말은 틀렸다. '오십 보백 보'를 생각해 보자. 전쟁터에서 오십 걸음 도망친 병사가 백 걸음 도망친 병사를 겁쟁이라 비웃는다는 얘기다. 그러니까 본질적으로 다르지 않다는 말이다. 한식(寒食)에 죽으나 청명(淸明)에 죽으나 도토리 키 재기라는 것.

일상의 어느 영역에선 오십 보나 백 보나 별 차이가 없을지 모르겠으나 카피 아이디어를 디렉션하고 디벨롭하는 일에 있어서는 '오십 보 백 보' 식의 생각은 꽤 위험하다. 왜 그럴까?

'오십 보 백 보'의 '보'를 높이 뛰기 할 때의 높이라고 생각해보자. 클라이언트의 예산, 시장 상황, 커뮤니케이션의 목표를 따져보고 이번 프로젝트에서 크리에이티브에 기대하는 높이를 50cm라 정했다면 60cm, 55cm, 70cm에 해당하는 아이디어는 모두 기준점을 넘는 훌륭한 아이디어가 되지만, 기대 높이를 100cm라 정하게 되면 60cm, 55cm, 70cm의 아이디어는 모두 쓰레기가 된다. 아름답게 꽃을 피워낼 수도 있었을 아이디어가 어떤 디렉션 틀 안에서 논의되느냐에 따라 한낱 휴짓조각이 될 수도 있다는 말이다.

크리에이티브에서 디렉션이란 무엇인가? 그것은 오케스트라의 지휘자가 하는 일과도 같다. 오케스트라가 연주할 곡을 작곡하지도 않았고, 직접 바이올린이나 피아노를 연주하지도 않지만, 지휘자가 어떻게 움직이냐에 따라 번스타인의 〈운명〉은 사이먼 래틀의 〈운명〉과 아주 다른 운명이 된다. 지휘자가 휘두르는 손짓은 오케스트라 단원들의 신뢰가 없다면 허무한 코미디가 되고 말 것이다.

크리에이티브에서도 디렉션하는 사에 대한 스태프의 신뢰가 없다면 디렉터는 거추장스러운 보고의 대상이자 힘들게 차려 놓은 밥상에 슬쩍 꼽사리 끼는 꼰대의 숟가락이 될 뿐이다. 담당 스태프들에게 어떤 아이디어를 내야 할지 왜 그렇게 해야 하는지 설득력 있게 방향을 제시하고, 그 방향성에 맞는 아이디어를 선택하고 발전시킴으로써 다시 그들의 신뢰를 얻어가는 일, 그것이 크리에이티브 디렉터의 미션이며 프로젝트를 리드하는 카피라이터의 역할이다. 그러니, 어디 이게 쉽겠는가? 내가 생각하는 방향으로 카피를 쓰게 하는 일은 내가 직접 카피 쓰는 것보다 백배나 더 어려운 일이다.

대한적십자사의 헌혈캠페인에서 내가 한 디렉션은 이랬다.

헌혈을 설명하지 말 것.
신파로 애걸하지 말 것.
기승전결의 스토리텔링을 하지 말 것.
다른 미디어와 연결되는 아이디어가 아닐 것.

오직 영상 안에서 임팩트가 있느냐 없느냐가 OK의 유일한 기준이었다. 손바위 카피라이터가 모스부호 아이디어를 내며 애초에 썼던 카피는 이러했다.

헌혈은 생명을 살립니다.
멋 부린 말이 아닙니다.
비유도 수사도 아닙니다.

헌혈은 생명을 살립니다.
그럴듯한 광고 카피가 아닙니다.

헌혈은 생명을 살립니다.
이것은 팩트입니다.

헌혈 광고가 아닙니다.
구조 요청입니다.

헌혈은 생명을 살립니다.

클라이언트에 제안할 최종 아이디어로 동료들로부터

가장 많은 지지를 받은 아이디어는 아니었지만, 나는 매우 높은 우선순위에 이 아이디어를 놓았고, 카피를 이렇게 발전시켜 세상에 내놓았다.

광고가 아닙니다.
구조 요청입니다.

당신에게 구조를 요청하고 있습니다.
2초에 한 명씩.
수혈이 필요한 위급 환자가 발생하고 있습니다.

당신의 헌혈이 살릴 수 있습니다.

◆

화살이 과녁에 맞지 않았을 때

"골프를 같이 해보면 그 사람의 성격이 보인다"는 말을 가끔 듣는다. 나는 그 말을 들을 때마다 속으로 혼잣말을 하곤 했다. "카피라이터였다면 아이디어 회의 한번 해보면 다 보인다."

프로젝트 한번 같이 해보면 훤하게 들여다보인다. 얼마나 주체적이고 적극적인지, 시간 약속은 잘 지키는 편인지, 먼저 돌파하면서 동료를 돕고자 하는 사람인지, 누군가 돌파하기를 기다렸다가 자기가 결정짓고 싶어 하는 사람인지, 정리를 자기 몫으로 생각하는 사람인지, 자기가 종횡무진 치고 나가면 누군가 정리해주겠지 하고 바라는 사람인지, 다른 사람의 의견을 궁금해하는지, 스스로를 몰아붙이는 쪽인지, 자기 자신에게 너그러운 사람인지 아니면 타인에게 그런 사람인지, 말이 앞서는 사람인지, 구체적인 아이디어를 가져와서 말하는 사람인지.

같은 목표를 향해 한 회의실에 모여 있지만 멤버마다 능력의 높낮이도 다르고, 성격도 스타일도 다 제 각각이다. 하지만 정작 함께 일할 때 무엇보다 중요한 건 태도다. 그 중에서도 일이 잘 안 됐을 때의 태도 말이다.

A 선배와 함께 준비했던 큰 프로젝트가 경쟁 PT에서 떨어진 날, 선배는 돼지갈빗집에서 소주 한잔을 앞에 두고 나에게 두 가지를 집요하게 강조했다. 하나는 우리가 준비한 게 옳았고 좋았으니 위축되지 말자는 것이었고, 다른 하나는 우리가 뭘 놓쳤을까 하는 질문을 던져 놓고 전과정을 복기하자는 것이었다. 그의 그런 태도는 그 후로도 늘 그랬다.

B는 달랐다. 그와 함께 준비했던 일이 안 좋은 결과

로 끝나게 되자 그는 두 가지 태도를 보였다. 겉으로는 "뭐 그럴 수도 있지. 아쉽지만 어쩌겠어?" 하는 쿨한 모습이었지만 시간이 지나면서 확인되는 그의 속내는 "카피가 좀 더 임팩트 있었다면 좋았을 텐데" "사실 완성도가 좀 기대에 못 미치기는 했어" 또는 "어쩐지 처음부터 좀 불안하더라"처럼 같이 일했던 다른 이들에게서 실패의 원인을 찾았다. 그의 그런 태도는 그 후로도 늘 똑같았다.

마틴 스콜세지 감독이 연기의 전설들이라 불리는 배우들과 함께 만든 『아이리시맨』을 보면 로버트 드니로와 알 파치노가 극 중에서 여러 번 같은 대사를 반복하는 장면이 나온다. "It is what it is" 이 말은 "어쩌겠어? 어쩔 수 없지 뭐" 그런 의미다. 내가 어쩐다고 결과가 바뀌겠느냐, 결과는 내 의사와 상관없이 이미 그렇게 되어버린 일이다. 그러니 내 탓은 하지 말아줘.

패트릭 마버의 희곡이 원작인 영화 『클로저』에선 나탈리 포트민이 줄리아 로버츠에게 이렇게 말한다.

"사랑에 빠졌다고? 그긴 세상에서 가장 바보 같은 표현이야. 마치 너는 선택할 수 없었던 것처럼 어쩔 수 없었다는 듯이 말하지만, 그 순간은 있었던 거라고. 언제나 그 순간은 있었단 말이지. 사랑을 할 건지 말 건지 선택할 수 있었던 그 순간, 그게 있었다는 건 분명히 말할 수 있지. 네가 사랑에 빠졌다고? 천만에! 너는 사랑에 빠진 게 아니야. 사랑에 빠지기로 선택했던 거라고."

광고주가 그렇게 하자고 하는데 어쩔 수 없는 거 아니냐고? 비용 때문에 그건 어쩔 수 없었다고? 기획이, 크리에이티브 디렉터가, 대표이사가 그러자고 해서 어쩔 수 없었다고? 웃기지 마라. 그 순간은 있었다. 당신이 선택했다고 생각하지 않는 그 많은 순간에, 당신은 분명히 당신의 선택을 하고 있었다.

성공 캠페인은 어찌나 자기가 했다는 사람이 많은지 코미디가 따로 없을 정도다. 그러나 반대의 경우, 즉 일이 잘 안 됐을 때는 모두가 남 탓을 하느라 바쁠 정도다. 이를 악물고 나를 탓해야 한다. 멋있는 사람으로 보이려고? 아니다. 남을 바꿀 수 없으니까. 기껏해야 나를 바꿀 수 있을 뿐이니까.

실저정곡(失諸正鵠) 반구저기신(反求諸己身).『중용』에 나오는 공자의 말씀이다. "화살이 과녁을 맞히지 못했다면 돌이켜 자기 자신에게서 원인을 찾아라." 생각해보면 너무나 당연한 말이다.

내가 쏜 화살이 과녁에 적중하지 못했는데, 바람을 탓한들 무슨 다른 결과를 기대할 수 있겠는가.

◆

아무것도 안 했다. 다 했다.

나이키의 창업자이자 CEO인 필 나이트가 칸에서 올해의 광고주 상을 받았을 때 일이다. 수상 소감을 묻는 말에 그는 자기가 한 일이 아무것도 없다며 아무것도 하지 않은 점 때문에 수상을 하게 되었다고 명쾌하게 말했다.

이 이야기만 들으면 그게 뭐 그리 대단한 얘기냐고 시큰둥 할 수도 있겠다. 자기가 한 게 없다는 건 상다리가 휘어지게 차려 놓고서 차린 게 변변치 않다고 말하는 흔하디 흔한 겸양의 말처럼 들리기도 하니 말이다. 하지만 그게 꼭 그렇지가 않다. 모든 것을 할 수 있는 상황에서 아무것도 안 한다는 건 정말 대단히 어려운 일이기 때문이다.

예전에 같이 일했던 C는 나로서는 도저히 동의할 수 없는 원칙의 소유자였다. 그건 바로 '끝의 끝까지 고민해서 아니라는 판단이 서면 언제라도 뒤집는다'는 원칙이었다. 얼핏 들으면 멋있게 들리는데, 같이 일하는 입장에선 지옥의 선언문이나 다름없었다.

아이디어 리뷰에서 오케이가 됐어도, 광고주에 제안할 최종안을 만드는 중에도, 프레젠테이션에서 오케이가 됐어도, 촬영하는 중이거나 편집하고 녹음하는 과정에서도, 심지어 온에어 직전에서도 오케이는 언제든 철회되고 뒤집힐 수 있다는 의미였다. 실제로 한 달을 공들여 준비한 크리에이티브가 프레젠테이션을 불과 며칠 앞 둔 상황에서 뒤집어지는 바람에 속도 홀라당 뒤집어지는 마음고생을 하기도 했다.

광고 회사의 크리에이티브 담당 임원이나 대표가 이렇게 '끝날 때까지는 끝난 게 아님 주의자'일 경우 스태프들은 끝없는 불안에 시달릴 수밖에 없다.

　나는 프로세스의 분기점마다 아이디어가 좋은지 나쁜지, 준비나 진행이 충분한지 부족한지, 이런 판단을 딛고서야 다음 단계로 프로젝트를 진전시켜야 한다고 생각한다. 카피라이터 본인부터 자기 아이디어에 대해서 좋은지 나쁜지, 준비나 진행이 충분한지 부족한지 스스로 판단을 하고 크리에이티브 담당 임원이나 대표는 집중력과 책임감을 가지고 의사결정을 해주어야 한다. 그리고 이때의 판단은 의지만의 문제가 아니라 안목의 문제이기도 하다.

　광고가 비즈니스로서 특히 어려운 점은 혼자 하는 일이 아니라는 사실에 있다. 제작 파트너인 아트 디렉터, 크리에이티브 디렉터와 AE(Account Executive - 광고 기획자), 여기에 크리에이티브 담당 임원이나 대표 그리고 광고주 쪽 마케팅 실무자와 때로는 최고 경영진까지 내가 쓴 카피가 좋다는 걸, 부족함 없이 좋다는 걸, 계속해서 설득하고 의견 일치를 보며 넘어가야 한다.

자기 자신을 중요한 사람으로 여기는 자일수록 카피 아이디어에 뭔가 더하거나 빼거나 고치자는 의견을 내기란 아주 쉽다. 게다가 스스로 생각하기에 폼 나는 일이기도 하다. 카피라이터가 여러 날 동안 낮과 밤을 고민해서 써온 카피 한 줄이 누군가의 한마디에 킬! 그렇게 아이디어들은 죽어간다. 세상에 없던 카피를 쓰는 건 어려운 일이지만, 남이 써온 카피를 비평하기는 참으로 쉽다.

명절 선물에 한우만한 것이 없다는 걸 어떻게 말할까? 모두가 알고 있지만 아무도 정확하게 말한 적 없는 명절의 불편한 진실을 흥미롭게 드러내자.

명절에는 모인다.
엄마 따로,
애들 따로,
아빠 따로.
"한우 드세요~."
한우가 있어야 진짜 모인다.
명절이 맛있어진다.

우리 한우.

접촉(contact)은 차고 넘쳐도 연결(connection)은 오히려 드문 이 시대, 명절에 대한 빛나는 통찰이라 할 만하지 않은가? 모경준 CD, 이제연 카피, 김상희 아트가 한 팀이 되어 만들어낸 아이디어는 충분히 좋았다. 첨삭 의견 없이 충분히 좋다는 지지. 그것이 내가 한 일의 전부였다.

일을 한다는 건 더하고 빼고 고치고 바꾸는 것만이 아니다. 분명한 지지는 그 자체로 중요한 의견이며 판단이고, 어떤 경우에는 의미 있는 진전을 만드는 계기가 되기도 한다. 아무것도 안 하는 것이 해야 하는 일의 모든 것일 때가 있다.

◆

오늘이 쌓여 인생이 된다

"당신의 5년 후 구체적 목표는 무엇입니까?" "조직과 업계에서 당신은 3년 후 어떤 모습일 것으로 생각합니까?"

이런 질문을 나도 더러 받았었다. 미래의 목표를 정하고, 그렇게 되기 위한 계획을 짜고 실천을 해야 한다는 이야기를 들을 때면 나는 딱 그 심정이 되곤 했다. 영화 『기생충』의 송강호가 했던 대사 그대로 말이다.

"아... 너는 계획이 다 있구나."

나는, 없었다. 3년이든 5년이든 '미래의 나'에 대한 목표 같은 건 있어 본 적도 없고 지금도 없다. 게으르고 미욱해서이기도 하겠지만 꼭 사람됨이 모자란 탓만은 아닐 거라 믿고 싶다. 어렴풋이 짐작하기로 내가 멀리 보고 가는 그런 부류의 인간이 아니기 때문에 그럴 것이다.

다들 플랜B는 뭐냐고 물으며, 플랜B가 없으면 안 된다고들 했다. 나이 들면 외로워지니 어서 골프를 시작하라고도 했다. 강의도 좀 하던데 미래를 대비해서 학위를 따놓지 그러냐고도 했다. 안다. 다 나를 생각해서 건넨 충고라는 걸. 하지만 어쩌랴. 나는 발밑만 보는 인간인 것을. 그게 나였다.

목표가 안나푸르나인지 봉제산인지도 모른 채 바로 지금 내딛는 발걸음에만 온통 몸과 마음을 쓰는 인간. 그러다 크레바스에 빠지면 바로 그 자리에서 가능한 최선 치의 발걸음에만 집중하느라 서른 번째 발걸음 이후에 대해선 누가 물어도 그야말로 아무 답도 해줄 수 없는 인간. 말하자면 나는 오늘을 살자는 유형의 인간인데 그런 내가 아주 중요하게 생각하는 게 일정이다. 오늘을 잘 살기 위해서는 오늘 해야 할 일이 무엇인지가 명확해야 하기 때문이다.

요한복음은 이렇게 시작한다. '태초에 말씀이 계시니라.' 만약 카피 복음을 쓰게 된다면 나는 이렇게 고쳐 쓰겠다. '일의 태초에 일정이 있느니라.' 제대로 일정을 계획하려면 그 일의 경중에 대한 판단이 있어야 하고, 키맨이 누구인지 파악해서 의논과 협의의 프로세스를 마련해야 하며, 기존에 진행 중인 다른 일들과의 우선순위를 따져서 회의 스케줄을 정해야 한다. 그렇게 일정을 잘 계획해 두면, 그다음엔 그 일정대로 오늘을 살면 된다. 변경의 사유가 생기거나 우선순위가 높은 일이 치고 들어오면 애초에 잡은 일정을 조정하고, 그다음엔 그 일정대로 오늘을 살면 된다.

일정을 계획한 후에는 일정에 대한 존중과 성실의 문제가 남는다. 일정에 대한 존중은 누군가와 함께 일할 수 있는 사람인지 아닌지를 판별하는 리트머스 시험지가 되며, 일정을 지키려는 성실함은 무슨 일이든 더 잘해보려고 애쓰는 사람인지 아닌지를 판단하는 제 1조건이 된다. 그러니까 일정이 곧 일인 셈이다.

일정 계획은 일의 특성과 조직의 사정에 따라 모두가 같을 순 없겠지만 데드라인에 대해서만큼은 꼭 말해두고 싶은 것이 있다.

첫째, 데드라인을 자발적으로 당기라는 것. 마치 손목시계를 5분 빠르게 세팅해 두는 것처럼 중요 시점을 하루씩 당겨 놓는 것이다. 프레젠테이션이 내일이라면 오늘은 허둥지둥 밤을 새우는 것이 당연한 것이 아니라, 모든 준비를 다 끝내놓고 프레젠터의 컨디션을 점검하는 날이 되어야 한다.

둘째, 데드라인을 잘게 썰라는 것. 클라이언트에게 제시하는 일정이 15일 후이고 사내 리뷰가 10일 후라면 이틀은 정보와 팩트를 읽고 확인하는 일정, 다음 이틀은 우선순위 더 높은 기존의 일에 집중하면서 예열하는 일정, 그다음 날은 몰입해서 아이디어 뽑아내는 일정으로 잡아두면 된다.

오늘의 일정에 집중해서 오늘을 산다. 이렇게 살다 보면 인생을 멀리 계획하지 못해 생기는 필연적인 약점이 있을 수 있다. 하지만 오늘 해야 할 일을 내일로 대충 미루거나, 갑자기 술이나 한잔하자는 동료의 제안에 우물쭈물 고민하거나, 미래에 대한 불안으로 전전긍긍하게 될 일은 없게 된다. 오늘 해야 할 일을 오늘 다하기에도 오늘은 늘 짧으니까 말이다.

그렇게 발밑만 보면서 오늘을 산다. 오늘이 쌓여 인생이 된다.

◆

그럴 수도 있겠지

금테를 쓰고 다니던 어느 여름날이었다. 안경이 자꾸 흘러내리고, 왼쪽 오른쪽이 좀 비뚤어진 것도 같아서 하루에도 몇 번씩 안경으로 손이 가던 때였다. 왜 그럴 때 있지 않나? 한번 예민하게 뭔가가 거슬리기 시작하면 뜻대로 안 되는 것들이 모두 그 탓인 것만 같은. 그때 그 안경이 바로 그랬다. 아이디어가 영 안 나오는 것도, 밤을 새워 쓴 카피가 아침에 보니 죄다 별로인 것도, 어쩐지 점심으로 먹은 밥이 소화가 잘 안 되는 것도, 심지어 쇼윈도에서 확인되는 내 다리가 짧은 것까지도 전부 그 안경때문인 것만 같았다.

큰 안경원이 있는 어느 거리를 걷다가 마치 예약이라도 한 것처럼 그곳으로 들어갔다. 처음 간 안경원이었으니 당연히 문제의 안경을 사거나 렌즈를 맞춘 곳은 아니었다. 안경을 샀던 안경원에서 손을 보려면 퇴근 후나 주말까지 기다려야 했을 텐데, 당장 그 안경을 손보지 않으면 그날의 모든 일을 망칠 것만 같았다. 마음이 초조할 정도로 조급했었다. 잘 부탁하기만 하면 테의 좌우를 봐주는 정도의 간단한 교정은 서비스로 해주더라는 경험이 있었기에 그날 그 생면부지의 안경원으로 불쑥 들어갔다.

눈이 마주친 안경사에게 부탁하고 5분 남짓 시간이 흘렀을까? 작업을 마치고 넘겨준 안경을 다시 써보았다. 마치 새 안경을 맞춘 듯 딱 맞았다. 산뜻한 기분으로 돌아서서 두어 걸음쯤 걸었을 때 누군가가 나를 불러세웠다. 머리카락이 희끗희끗한 게 누가 봐도 그 안경원의 사장님이었다. 나를 바라보는 눈빛과 표정은 숨길 수 없는 노기로 가득했다. 그의 말은 이러했다.

우리 안경원에서 산 안경이 아니더라도 테를 잡아주

는 일 정도는 서비스로 얼마든지 해줄 수 있다. 하지만 그게 당연히 해줘야 하는 의무는 아니다. 고맙다는 인사도 없이 그냥 그렇게 가는 건 무례한 행동 아니냐.

순간 나는 너무 부끄러웠다. 안경 고치는 것에만 신경이 팔린 채 감사 인사를 한다는 걸 깜박했던 것이었다. 연거푸 머리를 숙여 죄송하다는 말을 거듭 내뱉으며 안경원을 나왔다. 내 얼굴은 금방 뜨거운 물벼락을 맞은 듯 시뻘겋게 달아올라 있었다. 그리고 내 얼굴 위에는 수평이 잘 맞춰진 금테 안경만이 균형을 잃지 않고 코 위에 얹혀 있었다.

안경원 사장님의 틀리지 않은 지적에 나는 그렇게 수긍을 했지만, 그날 이후 단 한 번도 그 안경원을 찾아가진 않았다. 하지만 나는 종종 마음속으로 그 사장님을 떠올렸다. 차가운 표정과 함께 할 말은 해야겠다는 그의 태도. 그에게서 나를 보았기 때문이었다.

나는 시비(是非)에 집착하는 인간이었다. AE들이 애써 만들어온 기획서에 허술한 지점이 보일라치면 그가 국장이든 본부장이든 상관없이 날카로운 지적을 서슴지 않았다. 실로 무자비한 데가 있었다. 약속한 일정을 지키지 못했거나, 마땅히 미안해야 할 때 사과가 없거나, 비겁하게 무책임한 모습을 보일 때면 그가 나와 얼마나 친한지, 얼마나 유능한지, 심지어 평소에 그런 일이 전혀 없었던 사람인지 조차도 싹 다 무시하고 오직 그 시비에만 선명하게 집중했다. 그게 용기로 인정받은 적도 있었고, 열정이라며 이해받은 적도 있었다. 하지만 그게 다 안경원 사장님 같은 모습이었다.

커뮤니케이션의 메시지는 두 가지 영역에서 결정된다. 무엇을 말할지가 반이고 어떻게 말할지가 나머지 반이다. 메시지가 옳더라도 그것으로 끝나게 되면 반만 한 것이다. 잘했다 한들 50점밖에 안 된다는 뜻이다. 그 메시지에 공감과 설득을 하게 만들 수 있느냐는 대부분의 경우 어떻게 말하느냐에 달려 있다.

처음부터 누구나 완벽할 순 없다. 누구에게나 모르는 시절은 있고, 어떤 사람에게는 지금이 모르는 그때일 수도 있다. 무엇보다도 시비의 지적이 옳다고 해서 단박 문제가 해결되는 것도 아니다. 시비에 너무 집착하면 자칫 문제 해결의 동력을 잃는 수가 생긴다. 동료를 향해 마음으로부터 이해한다는 웃음을 지어주며 기운을 북돋 워 주고 함께 솔루션을 찾아보자고 마음을 열어주는 것. 그게 더 일이 되도록 만들어 준다.

거울을 본다. 미간에 세로 주름이 깊다. 시비에 집착 하고 틀렸음을 지적하느라 생긴 주름임이 틀림없다. 미 소를 지어본다. 웃는 데 쓰이는 근육으로는 미간에 세로 주름이 갈 일이 없다.

나는 이런 어리석음에 빠질 것에 대한 경계로 그 안 경원 사장님을 떠올리곤 한다. 그 사장님을 모를 당신에 겐 이 노래를 권해본다.

그럴 수도 있겠지.
우리의 삶에 정답이란 없는 것.
오랫동안 꿈꿔온 사랑이 다를 수도 있겠지.

◆

숨어 있을 수 없는 일

어느 작가가 이 말을 했다는 걸 처음 읽었을 때, 나는 감탄하며 웃었다.

"작가는 정말 좋은 직업이다. 글을 쓰지 않는다면."

글을 쓴다는 것의 어려움과 괴로움, 잘 써야 한다는 압박감은 물론 작가라는 정체성은 오로지 글을 쓰는 것에서 비롯된다는 자기 업에 대한 명료한 인식까지. 이 모든 걸 위트 있게 단 한 마디에 담았다. 비단 작가만이 아니라 다른 어떤 직업도 그 일의 핵심과 연결만 짓는다면 모든 문장이 각각의 직업 세계에서 참의 명제가 될 것이다.

영화배우는 정말 좋은 직업이다. 연기를 하지 않는다면. 외과 의사는 정말 좋은 직업이다. 수술을 하지 않는다면. 군인은 정말 좋은 직업이다. 목숨을 걸고 적과 싸우지 않는다면. 당연하게도 이 모두가 역설의 문장이다. 무대에서 노래하지 않는 가수가 좋은 가수일 리 없고, 나라를 지키지 않는 군인이 좋은 군인일 리 없다. 카피라이터는 어떨까? 나는 이렇게 말하고자 한다.

"카피라이터는 정말 좋은 직업이다. 프레젠테이션을 하지 않는다면."

자질이 훌륭한 카피라이터 후배가 있었다. 다 좋은데 수줍음이 많았다. 묵묵히 카피 쓰고 아이디어 내는 건 참 잘하는데 기획팀과 논쟁적인 회의를 할 때는 늘 침묵했고, 광고주와 만날 일이 생기면 필사의 노력으로 안 가고 싶어 했으며, 많은 사람들 앞에서 말을 잘 못 한다는 이유로 프레젠테이션은 언제나 사양했다. 어느 날 회식 자리에서 그에게 말했다.

"이 일은 숨어 있을 수 없는 일이야!"

클라이언트의 과제를 놓고 광고 회사 간 치열한 승부를 벌이는 프레젠테이션만 프레젠테이션이 아니다. 나의 의견이나 주장에 매력을 느끼게 만들고 공감을 이끌어냄으로써 결국 설득에 성공하느냐 못하느냐 이런 관점으로 보면, 세상만사가 프레젠테이션 아닌 게 없다. 동료 크리에이터들에게 내 카피 아이디어를 설명하는 일도 말할 것 없이 프레젠테이션이며, 회식이나 식사 자리 심지어 엘리베이터를 함께 타는 짧은 시간 안에서도 본인의 능력을 어필하거나 팀에 필요한 지원을 받아내도록 회사 임원의 마음을 사로잡는 것도 프레젠테이션이다. 그뿐인가? 부모님께 슬쩍 전화해서 사위인 남편을 혹은 아내인 며느리를 자연스럽게 칭찬하도록 하는 것도 프레젠터로서 내 능력을 시험해 볼 기회다.

카피라이터는 곧 커뮤니케이터이고 커뮤니케이터의 승패는 프레젠테이션에서 갈리는바, 좋은 카피라이터는 좋은 프레젠터일 수밖에 없으며 프레젠테이션을 못 하는 좋은 카피라이터란 뜨거운 아이스 아메리카노처럼 오직 허황한 관념 속에서나 가능하다.

킥오프를 위한 회의실에 모여 있는 모든 사람은 프레젠터의 후보다. 나는 임원이 아니니까, 크리에이티브 디렉터가 아니니까 등의 이유로 스스로를 배제하면 안 된다. 오히려 이렇게 물어야 한다. 이 프로젝트의 최종 결과물을 가장 잘 전달할 수 있는 자가 우리 중에서 왜 내가 아니어야 하는가? 이를테면 이렇게 말이다. 영 타깃이 대상인 만큼 우리 중에 가장 젊은 내가 프레젠테이션을 가장 잘 할 수 있지 않을까? 아트웍이 중요한 프로젝트니까 아트 디렉터인 내가 가장 잘 할 수 있지 않을까? 그렇게 프레젠터의 당위성을 나에게서 찾아야 한다. 손흥민을 보라. 골 찬스는 가만히 그라운드에 서 있다고 해서 오는 게 아니다. 나에게 공이 올 거라 믿고 죽어라 달리는 자에게 오는 법이다.

실전 프레젠테이션에서 중요하게 기억해야 할 몇 가지를 공유해 보겠다.

1. 말의 순서만 달라도 감흥이 달라진다. 아카데미 시

상식에서 감독상을 받으며 봉준호는 말했다. "어렸을 때 항상 가슴에 새겼던 말이 있다. 영화 공부를 할 때 가장 개인적인 것이 가장 창의적이라고 책에서 읽었다. 그 말은 마틴 스콜세지의 말이었다." 만약 똑같은 얘기를 "마틴 스콜세지가 책에 이렇게 썼었다"로 시작했다면 그렇게 시상식장을 전율케 할 수 있었을까? 네버!

2. 확신은 말끝에 있다. 우리말에 성조나 억양은 없지만 강세를 말끝에 준다고 생각하는 편이 좋다. 용두사미를 경계할 것. 말의 앞부분은 기세 좋게 시작했다가 말의 끝은 흐지부지되는 경우가 의외로 많다.

3. 불필요한 말은 말 그대로 불필요하다. 말과 말 사이에 "그…"라든지 "어…그니까…"같은 말이다. "하겠습니다"라고 하면 충분할 것을 굳이 "해보도록 하는 것으로 하겠습니다"는 식으로도 말하지 말자. 솔직히 좀 바보 같다. 바보의 제안에 귀 기울여 주기를 기대하는 것은 어렵지 않겠는가.

4. 스크린을 보지 말고 청중의 눈을 봐라. 시선을 어

디에다 둘지 몰라 스크린을 보는 것보나 더 최악은, 다음 할 말이 뭔지 보려고 스크린을 보는 것이다. 프레젠테이션의 내용은 머릿속에 거의 들어 있어야 한다. 들어 있지 않다면 둘 중 하나다. 얘기의 흐름이 엉망이거나, 프레젠터로서의 준비가 소홀했거나.

5. 리허설을 실전처럼 하라. 연습이 해가 될 리는 없으며, 프로젝트를 함께 준비했으나 현장에 가지 못하는 동료와 후배들에 대한 예의이기도 하다.

6. 듣는 입장에서 할 말을 정리해보라. 파워포인트 문서를 스크린으로 보면서 프레젠터의 설명을 듣고 있는데 프레젠터가 텍스트를 그대로 줄줄 읽기만 한다면, 듣는 입장에선 무척 지루할 수밖에 없다. "저희 결론은 이 한마디입니다"라고 말하고, 정작 결론은 스크린의 문장을 눈으로 잠시 읽게 하자. 몰입도가 높아지는 좌중의 분위기가 느껴질 것이다.

7. 두 다리로 똑바로 서라. 건들건들 움직이는 게 능숙해 보이는 줄 안다면 착각이다.

8. 나는 전달자이고 전달하려는 내용을 저들은 모른다는 걸 명심하라. 내가 얼마나 잘 생겼는지 말을 얼마나 잘하는지는 아무도 관심 없다. 프레젠테이션은 모델 오디션도 아니고 스피치 경연대회도 아니다. 우리가 준비한 걸 내가 전달만 하는 거니까, 생각해보면 긴장해서 떨 이유란 게 전혀 없다.

9. 위에 열거한 것들 다 소용없다. 프레젠테이션할 내용이 별로라면. 프레젠테이션에서 가장 중요한 세 가지는 첫째도 콘텐츠, 둘째도 콘텐츠, 셋째도 콘텐츠다.

뮤지컬에서 주연 배우의 사고를 대비해서 똑같이 준비하는 배우를 '커버'라고 부른다. 『오페라의 유령』 내한 공연 때 브래드 리틀이 딱 한 번 공연에 못 섰는데 앙상블 배우가 커버를 맡았다고 한다. 그날의 관객들에겐 그 커버가 오페라의 유령이다. 프레젠테이션을 준비하고 있는 모든 스태프는 다 커버다. 자, 다음 프레젠테이션은 누가 할 것인가?

그렇다. 바로 당신.

◆

안 할 때 잘해야, 잘해야 할 때 잘한다

호모 루덴스니 워라밸이니 하지만 지금 당장 자리에서 일어나 회사 풍경을 쓱 일별해보시라. 모두가 일하고 있다. 아니, 모두가 일하고 있는 것처럼 보인다고 해야 진실에 가깝지 않을까? 왠지 대놓고 쉬기는 좀 눈치가 보여도 표정만은 진지 모드니까.

기획서 파워포인트는 모니터 위로 떠다니고, 모니터 아래에서는 카톡 창으로 열심히 수다를 떨고, 실검에 오른 연예 기사 하나 본다는 게 여기저기 넘나들며 몇 분째 정독 중이고. 광고인도 대부분의 경우 회사원인 걸

감안하면 하루 종일 집중력을 발휘해서 일한다는 게 결코 쉬운 일은 아닐 것이다. 하지만 광고만큼 집중력을 발휘할 때와 그렇지 않을 때를 명확히 구분해야 하는 일이 또 있을까?

크리에이티브를 위한 능력을 말할 때 누구는 순발력이다, 누구는 통찰력이다, 누구는 협업능력이다, 아니다 인문학이다, 라고들 하는데 다 맞는 말이다. 하지만 그것이 통찰력이건 인문학이건, 필요할 때 필요한 능력을 쓸 수 있느냐 없느냐의 관점에서 보면 관건은 집중력이다.

도서관을 씹어먹은 인문학의 대가라 한들 아이디어에 무력하고 정작 카피에 무능하다면, 무슨 의미가 있겠는가. 집중력이란 지금 내 눈앞에 던져지는 사실과 상황에 대한 백 퍼센트 나 자신의 리액션이다. 그래서 집중력을 발휘한다는 건 정신을 바짝 차리고 있다는 걸 의미한다. 그래야 알아차릴 수 있다. 지금 이 아이디어가 실마리인지, 흘려보내야 할 그저 그런 얘기인지, 발전시켜야 할 키워드인지, 회의를 끝내야 할 때인지, 소득 없이 처음으로 돌아가야 할 때인지 말이다. 집중해야 할 때 집중하는 것, 그것은 판단과 의지의 문제고 집중력을 발휘하는 것, 그것은 능력의 문제가 된다.

킥오프 미팅이나 오리엔테이션은 일단 듣는 자리쯤으로 생각한다. 고리타분한 시장 데이터니 경쟁 상품이니 하는 설명도 대충 들어두면 된다고 생각한다. 말하자면 아이디어는 나중에 생각하기로 한 거니까 지금 집중하지 않아도 된다고 생각한다. 하지만 축구에서 골 나는 시간이 어디 따로 있나? 휘슬이 울리고 5분 안에 들어가도 골이고 경기 종료 직전에 넣어도 골이다. 천천히 몸 푸는 시간이라고 생각했던 순간에도 골 찬스가 날지 모를 일이다.

대한적십자사 헌혈 캠페인의 킥오프 미팅 자리였다. 기획팀이 취합한 팩트 자료 설명을 듣는데 어! 잠깐만! 싶었다. 아무래도 학생들과 군인들 헌혈이 많다 보니 연령별 헌혈 상황 그래프가 10대 20대가 높고 30대 이후가 낮았다. 그래서 "어른이 어른으로 대접받고 싶어 하면서, 이게 우리 사회 어른의 모습 맞습니까?" 그런 질문을 카피 메시지로 하면 어떨까를 의논했다.

백 퍼센트 집중해야 리액션이 나온다. 프로젝트가 시작되는 첫 번째 회의에서 돌출된 저 리액션은 이런 결과물로 완성되었다.

　이 시대의 어른들에게 묻습니다.
　어른스럽다는 것은 무엇일까요?
　당신이 가장 어른스러웠던 적은 언제였나요?

　사람의 생명을 살려 보셨습니까?
　생명을 살리는 헌혈,
　10대 20대 젊은이들이 가장 많이 하고 있습니다.

　어른이 어른인 이유를 보여줍시다.
　헌혈로 보여줍시다.

　아라한도 아니요, 이세돌을 이긴 인공지능도 아닌 우리는 너나 할 것 없이 나약한 인간이기에 백 퍼센트 집중력을 온종일 유지한다는 건 불가능하다. 집중할 때와 안 할 때를 선명하게 분리해야 한다. 그래야 집중할 때 쓸 에너지가 모자라지 않게 된다. 나는 그걸 '폴더의 분리'라 부른다. 머릿속에 각각의 폴더를 가상으로 만들어 놓고, 그 일에 해당할 때에만 그 폴더를 여는 것이다.

헌혈 회의를 할 땐 헌혈 폴더를 열고, 신라면 회의를 할 땐 신라면 폴더를 연다. 필요할 때 집중력을 발휘할 수 있으려면 일하지 않을 때 일하는 척 연기를 하는 게 아니라, 자기만의 풍요로운 인풋의 폴더들을 가지고 있어야 한다. 여행의 폴더일 수도 있고 독서의 폴더, 축구나 볼링, 음악의 폴더일 수도 있겠다. 나에게는 반신욕의 폴더, 함께 사는 네 마리 고양이의 폴더도 있다.

마침 이 글을 쓰기 전에 반신욕을 하며 이바라기 노리코(茨木のり子)의 시를 읽었는데 인상적인 대목이 있었다.

혼자 있을 때 외로운 사람은 둘이 모이면 더욱 외롭다.
사랑하는 사람이여
혼자 있을 때 생기발랄한 사람으로 있어 주세요.

광고는 함께 하는 일이지만 혼자서도 잘하는 사람이

어야 함께 해도 잘하는 거라고 나는 읽었다. 일하지 않을 때 혼자서도 생기발랄한 사람이어야, 일할 때 집중력을 더 잘 발휘할 수 있다고 나는 읽었다. 그래서 제목이 저러하다.

안 할 때 잘해야, 잘해야 할 때 잘한다.

◆

대화의 랠리

마일리지를 끌어모아 좌석을 업그레이드한 걸까? 비즈니스 클래스에 흡족한 듯한 남자 옆에서 스튜어디스가 정중하게 샴페인 한잔을 서비스한다. 그리고 내레이션이 들린다.

"당신은 좌석 넘버 2A에 앉으셨네요. 옆자리인 2B 자리엔 누가 앉을지 궁금하시죠?" 보아하니 국내선은 아닌 듯하고 못 해도 열 시간은 족히 날아갈 텐데, 장거리 비행이란 옆자리 복에 따라 얼마든지 악몽이 될 수도, 추억이 될 수도 있다.

혹시나 하는 심정으로 옆자리를 지켜보고 있는데, 그가 와서 자리에 앉는다. "이럴 수가! 헨리 키신저잖아." 당대 최고의 지성이 건네는 자연스러운 인사에 겨우 "안녕하세요?" 한마디 하고는 딱 거기까지. 마지막 카피는 이렇다. "내가 대화 상대가 될 수 있었더라면..." 그리고서 엔딩 로고가 보인다.

세계적인 경제 전문 매거진인 《이코노미스트》의 TV 광고다. 언제 키신저 같은 인물을 만나 대화를 하게 될지 모르니 평소에 《이코노미스트》를 구독함으로써 글로벌 경제에 대해 깊이 있는 식견을 갖춰 놓으라는 게 이 광고가 전하고 싶은 메시지다.

카피라이터의 일이란 2A에 앉아 늘 새로운 2B에 앉을 사람과 대화하는 것이라고 할 수 있다. 만약 새로 맡은 프로젝트가 커피 브랜드라면 2B의 주인인 클라이언트와는 커피 추출 방식에 따른 크레마 차이를 두고 대화를 나눌 것이다. 반대로 2B에 앉은 사람이 타깃 고객일 수도 있다. 카피라이터인 낭신과 워라밸이 중요한 2B 자리의 고객과는 쌩폴이나 아를 같은 남프랑스의 아름다운 마을을 지나 샤갈의 푸른색을 거쳐 카뮈의 『결혼.여름』에 나오는 티파사의 봄으로도 대화가 이어질 수 있다.

편의점에서 파는 1,000원짜리 컵라면을 위한 디지털 콘텐츠 제작 회의에서는 초성 개그 릴레이를 두고 한참을 깔깔대고 있다. 바로 옆 방 회의실에선 동료 카피라이터가 생명의 근원에 대한 카피 아이디어를 열심히 설명하고 있다. 요컨대 당신 옆자리인 2B 자리에 누가 앉게 될지 결코 알 수 없으며, 그래서 대화의 주제가 도스토옙스키가 될지 《미스터 트롯》이 될지도 알 수 없다는 것이 카피라이터의 숙명이다.

광고 일이 밖에서 보는 것만큼 그렇게 젊고 자유로운 일인지는 모르겠으나, 만일 광고를 젊은 비즈니스로 정의하는 것이 일면의 진실이라도 품고 있는 거라면 그것은 오직 우리 일이 지적 호기심 위에 기반하고 있다는 사실 때문일 것이다. 물리적 나이가 얼마나 새파란가의 문제가 아니라 세상과 인간에 대해 얼마나 마음으로부터 알고 싶어하는가의 문제. 그래서 새뮤얼 울먼(Samuel

Ulman)의 시를 빌자면 광고야말로 '청춘'의 일이 아닐 수 없다.

호기심이 카피라이터의 필요조건이라면, 토론 능력은 유능한 카피라이터의 필요충분조건이다. 카피라이터의 일은 구석 자리에 앉아 카피를 쓰는 것만으로 끝나지 않는다. 아이디어는 세상에 태어나기도 전에 숱하게 공격 받는다. 적도 공격하고 우리 편도 공격한다. 어떤 것은 예리하고 어떤 것은 멍청한 채로 공격은 사방에서 밀고 들어온다. 물론 이런 검증을 거치면서 아이디어는 더 단단해진다. 바로 여기에서 카피라이터의 토론 능력이 필요하다.

아이디어 논의 과정 중 설득력에 의구심을 표하는 질문이 하나 던져졌다고 해서 표정이 온통 짜증으로 일그러지고 회의실이 배타적인 침묵으로 빠져든다면 좋은 팀이 아니다. 우리는 아이돌이 아니다. 십 대 팬덤에 둘러싸여 일하는 게 아니다. 논리적으로 반론하고 인정할 만한 지적은 흔쾌하게 받아들이면서 대화의 랠리를 이어가는 회의를 지향해야 한다. 그러려면 내가 대화의 랠리가 가능한 사람이어야 한다.

아이디어를 논리적으로 설득력 있게 방어할 수 있는가? 어떤 반론에도 대응할 수 있는가? 무엇보다, 대응해야 한다고 생각하는가?

마지막 질문에 당신의 답이 예스이길!

덧. 파올로 소렌티노 감독의 영화 『유스』를 보고 사무엘 울만의 청춘(Youth)이라는 시가 궁금해서 찾아보다가 내가 전문을 번역해 보았다. 한 줄 한 줄이 청춘에 대한 탁월하고 아름다운 해석이다. 나에겐 카피라이터의 안테나가 어떠해야 하는지, 또 안테나가 내려진다는 것이 어떤 의미인지를 생각하게 해주는 시다.

청춘

청춘은 인생의 한 시기가 아니다.
그것은 마음의 상태다.
장밋빛 볼, 붉은 입술,

그리고 유연한 무릎에 관한 문제가 아니라

의지, 상상력의 질, 그리고 감정의 활력에 관한 것이다.

청춘은 생명이라는 깊은 샘이 지닌 신선함 그것이다.

본능적 욕망이란 소심한 것인데

용기가 기질적으로 이를 압도할 때

청춘이라 한다.

쉬운 것에 대한 사랑을 이기는 모험심,

그것을 청춘이라 한다.

때때로 청춘은 스무 살 청년보다

육십 먹은 사람 안에 존재한다.

아무도 단지 세월의 숫자만으로는 늙지 않는다.

우리는 우리의 이상을 저버림으로써 늙는다.

세월은 피부를 주름지게 하지만

열정을 포기하는 건 영혼을 주름지게 한다.

걱정, 두려움, 자기 불신은 마음을 굴복시키고

영혼을 먼지 상태로 되돌려버린다.

육십이든 열여섯이든

모든 인간의 마음 안에는

경이로움에의 이끌림,

다음은 뭘까, 삶이라는 게임의 기쁨이 무엇일까 하는

변치 않는 어린아이의 욕구가 있다.

당신 마음과 내 마음의 중심에

어떤 무선 기지가 있는데,

아름다움, 희망, 응원의 함성, 용기,

그리고 사람들과 무한으로부터 힘을 수신하는 한

당신은 청춘이다.

안테나가 내려지고

당신의 영혼이 냉소의 눈과 비관의 얼음으로 덮일 때

설령 스물이더라도 당신은 늙었다.

그러나 안테나를 높이고

낙관의 전파를 잡아내고 있는 한은

팔십이더라도 젊은 채로 죽을 수 있는 희망이 있다.

◆

날씨의 인간

짧지 않은 세월, 기라성 같은 선후배 동료들을 지켜보며 알게 된 것들이 있다. 예를 들면, 공부 머리와 일머리는 정비례하지 않는다는 것. 광고업계는 예나 지금이나 머리 좋고 학벌 좋은 사람 천지다. 공부 잘해서 좋은 대학 나와 거기다 석박사 학위까지 가졌다면 카피 도사쯤 되거나 아이디어 머신, 문제 해결의 달인일 것만 같은데. 실제로는 이게 영 그렇지가 않더라는 말씀.

공부 심한 엘리트가 빠지기 쉬운 함정들이 있는데 비관과 냉소, 터무니없는 자존심 같은 것들이다. 남들이 해

놓은 걸 비판하는 데에만 그 똑똑함을 다 쓰면 어떡하나, 정작 문제 해결에는 별반 기여도 없이 말이다. 뭐 별다른 게 나오겠어, 하는 태도 때문에라도 뭐 별다른 아이디어가 나올 수 없을 것 같다.

일 잘하는 사람은 언제나 소수였다. 그들은 각자 다른 방식으로 잘했지만 공통점이 있었다. 누구라고 할 것 없이 겸손한 열정, 집요한 긍정의 소유자였다.

아주 오랫동안 아침 신문을 보고 저녁 뉴스를 봐왔다. 카피라이터 일이라는 게 시대에 예민한 거라서 남들 다 아는 뉴스를 카피라이터가 모르면 창피한 거라고 누가 그렇게 말한 것도 아닌데, 스스로 만든 강박이었다. 어차피 시시각각 일어나는 세상 모든 일을 다 아는 건 불가능하다. 게다가 뉴스도 결국 편집이다. 사람들의 관심을 끌 만하다고 판단되는 것들만 보여준다. 그것은 대체로 부정적인 이슈들이어서 지나치게 뉴스에 몰입하다 보면 나라는 다 개판이고 세상은 온통 지옥인 듯 느껴진다. 일부러라도 뉴스에 거리를 좀 두고, 진짜 뉴스를 가까이할 필요가 있다. 에즈라 파운드(Ezra Pound)는 말했다.

"문학이야말로 뉴스다. 시간이 지나도 늘 뉴스로 남아있는 뉴스."

에즈라 파운드가 너무 고색창연하다면 이런 건 어떨까.

열일곱 살 켈리는 남자용 중고 청바지를 입고 기름때를 묻혀가며 아버지 일을 5년 동안 도왔다. 아버지는 배관공이었다. 소녀는 "이건 끈기와 품위를 요하는 일"이라며 "우리는 배관이라는 소우주에 혼돈을 일으켰다가 다시 질서를 창조한다. 인생은 오물을 받아들이고 그걸 청소하는 일련의 과정임을 배웠다. 세상은 자기 손을 기꺼이 더럽히는 이들이 만드는 것"이라고 했다.

역시 같은 열일곱 살인 앤디는 휴양지에서 청소 일을 한다. 새벽부터 쓰레기통 수백 개를 비우며 음식물 쓰레기에 옷이 젖고 들끓는 모기에 물리기가 일쑤였다. 하지만 그는 "덤프트럭을 몰고 뻥 뚫린 도로를 달리는 건 나를 자유롭게 해준 최고의 경험"이라면서 "여덟 살 때부터 트럭에 빠져 온갖 지역의 쓰레기차를 보여주는 유튜브 채널을 만들어 6,000명의 구독자를 만들었다"고 했다. 그리고 "가난한 이들의 거주지와 백인 부자들이 잠시 놀다 간 곳의 쓰레기는 확연히 달랐다. 쓰레기통은 누군가의 삶을, 사회를 보여주는 렌즈와 같았다"라고 했다.

뉴욕타임스가 소개한 2019년 가을, 명문대 입학이 확정된 10대들의 대입 지원 에세이들이다. (내용 참조 : 조선일보 2019년 5월 11일 기사)

삶은 언제나 글에 우선한다. 쓴다는 것 이전에 삶이 있다. 어떤 태도로 삶을 대하느냐에 따라 누군가는 부정적인 뉴스의 주인공이 되고, 또 다른 누군가는 감동적인 에세이의 필자가 되기도 한다. 타인과 세상에 대해서 또 자기 자신의 현재에 대해서 어떤 태도를 갖느냐의 문제는, 내가 어떤 삶을 사느냐일 뿐만 아니라 내 동료들과 어떻게 일을 도모해 가느냐와도 반드시 연결된다. 켈리와 앤디 역시, 일에서도 그리고 삶에서도 겸손한 열정과 집요한 긍정의 소유자일 것임이 분명하다.

어제는 햇살이 화창하더니 오늘은 비가 오고 내일은 바람이 분다. 제아무리 똑똑한들 햇살을 어쩔 것이며 눈보라를 그치게 할 도리가 있을 리 만무하다.

카피라이터의 일이라는 게 날씨 같다. 어떤 제품과 브랜드를 만나 어떤 타깃을 향한 카피를 쓰게 될지 알 수 없고, 매일의 날씨가 다 다른 것처럼 모든 프로젝트도 다 다르다. 예산도 다르고 목표도 다르고 클라이언트의 성향도 다르다. 그러나 내가 있는 곳에서 내가 할 수 있는 일이 무엇인지, 내가 가진 것으로 어디까지가 최선인지, 그것은 햇살과 눈보라가 아니라 나에게 달려 있다. 변화무쌍한 날씨에 투덜대지 않고, 변화무쌍한 날씨에 꼭 맞는 최선을 찾는 카피라이터. 나는 그를 '날씨의 인간'이라고 부르고 싶다.

◆

SNS라는 연습장

맨체스터 유나이티드의 명감독이었던 퍼거슨 경은 '트위터는 인생의 낭비'라 말했다. 맨유의 공격수 웨인 루니가 라이벌 팀인 리버풀의 팬과 트위터상에서 언쟁을 벌인 것을 두고 언론과 인터뷰하는 중에 나온 말이었다. 그는 트위터 말고도 인생에서 할 일은 수백만 가지나 더 있다고 덧붙였다. 하지만 SNS를 그렇게만 볼 일은 아니다.

카피는 글짓기가 아니다. 남과 다른 관점과 생각의 응축된 표현이다. 그런 의미에서 페이스북이나 트위터 같은 SNS는 훌륭한 연습장이 될 수 있다. 여기 내 연습장을 공개한다.

2020년 4월 20일 페이스북

분야는 달라도 공부하는 자의 눈에는 세상만사 공부 아닌 게 없지 싶다. TV를 바보상자로 쓰느냐, 보물상자로 쓰느냐, 그게 어찌 TV에 달린 것이겠나.

#김고명번역가의책_좋아하는일을끝까지해보고싶습니다

2020년 2월 14일 페이스북

대학 졸업이란 이제부터 무엇이든 네가 끝내야 한다는 것. 대학원 공부를 언제 끝낼지, 이 여자를 사랑하는 일의 끝이 어딘지, 회사를 들어가면 언제 때려치울지. 여행도, 운동도, 책을 읽는 것도, 고양이에게 다정한 마음을 보내는 것까지도. 끝을 정하는 건 다른 누구도 아닌 너 자신일 뿐.

아들아, 어른의 세계에 온 걸 환영한다.

계속계속안아줘, 파워에이드, 장발장, 오이지, 색종이, 전학생, 므훗자매, 쎄미&본… 남들은 짐작조차 할 수 없을 추억의 키워드들. 세상 하나뿐인 딸 덕분. 고맙고, 사랑한다.

20200211 생일 축 아빠가.

모처럼 감기에 걸렸더니 날치알 마끼가 먹고 싶어지더군요. 밥에 날 김, 마트에 흔한 날치알. 그리고 오이만 있으면 자기가 돌돌 말아먹는 재미까지 덤으로 즐길 수 있어서 맛 좋고 품 적고 폼 나는 메뉴거든요.

딸 아이가 오이를 싫어해요. 다 큰 딸 놀리는 재미가 제 일상에 얼마나 큰 즐거움인지 모르실 겁니다. 딸의 편식을 어떻게 놀려먹을까 시작도 하기 전부터 신나던 차에 이게 웬일이랍니까? 딸 아이가 오이를 덥석덥석 가져가지 뭡니까? 전에는 오이를 주방 칼로 채를 썰었거든요. 이번엔 강판 슬라이서라고 하나요? 그 채 써는 기계로 했더니, 아삭거리는 식감이 전혀 없지 뭐예요. 딸은 오이의 식감이 싫어서 그동안 편식을 했던 건데, 그 바람에 편식쟁이 놀려먹을 기회가 싹 날아가 버렸던 거지요.

딸은 오이를 아주 맛있게 먹었고 그것은 제게 놀라운 풍경이었습니다. 문제를 해결하는 열쇠는 What이 아니라 How에 있구나! 새삼 생각했습니다. 브랜드의 과제를 해결하는 열쇠도, 시대 감각을 증명하는 일도, 우리 일상에 기쁨과 감동과 추억을 만드는 것도 What이 아니라 How에 있을 겁니다.

새해 우리에게 주어질 일과 삶의 과제들 앞에 강판 슬라이서 같은 How를 찾아낼 수 있기를 기원합니다. 우리 회사 직원들이 대표이사를 신뢰할지 말지도 What이 아니라 How에 있을 것임을 저 또한 잊지 않을게요. 그리하여 어느 날 그 How들의 축적 위에서 우리가 느껴본 적 없었던 오이의 맛을 만끽해봅시다!

감기 조심하시고 새해 복 많이 받으세요.

2019. 12. 30.

농심기획 대표이사 이원홍 올림

2019년 6월 18일 페이스북

일과 타인에 대한 태도를 특정하는 형용사 중 내가 좋아하는 게 '흔쾌한'인데, 흔쾌하다는 건 51대49의 문제를 51로 마음에서 결정하는 순간 이전의 49를 0으로 접어버리는 것이라고 나는 생각한다.

흔쾌하게 오케이하고
흔쾌하게 포기하고
흔쾌하게 축하해주고
흔쾌하게 자신의 과오를 인정하는
그런 사람을 좋아하고
나는 과연 내가 좋아하는 흔쾌한 태도의
인간인지는 확신할 수 없지만
그러려고 노력하고 그러한지 관찰한다.

2019년 4월 26일 페이스북

떠나기로 결심(의논이 아닌)한 이에게 해줄 수 있는 최선은 떠나서 행복하기를 진심으로 기원하는 것 아닐까.

비 오는 봄밤에 수정방 좋더라. 잘 가라 YK.

2019년 3월 25일 페이스북

알았다 하고서 달라지지 않는다면 아무것도 아니다.

차라리 알았다고 말을 말자.

남 얘기로 지식인 행세하지 말자.

잡스도 아마존도 지금 여기의 나와 우리에게

뭐 어쩌자는 게 없으면,

있다 해도 그 설득력이 없다면,

따분한 현학일 뿐.

알았다면

Just do it.

2019년 3월 24일 페이스북

(서산의 좋아하는 간장게장 맛집에 다녀와서)

'좋아하는 건 빈도보다 강도'

신사동의 무슨 무슨 간장게장이라 해봐야 여기 간장
게장에 비하면 간장 대리, 간장 주임, 아니 간장 인턴. 눈

길도 안 주고 먹고 싶은 마음 모아두었다가 한방에 강력
하게!

과음한 다음 날 아침에도
제일 먼저 출근할 체력이 있잖아,
그게 해피한 거야.

내 까칠한 지적을 받아주는
동료와 후배들이 있잖아,
그게 해피한 거지.

회의와 회의와 회의에 지쳐
허기진 채 퇴근할 만큼
바쁜 일들이 해피라고
라면이 내게 말했다.
#해피라면출시

(오래 신어, 낡은 구두를 버리려다가)

곤도 마리에의 정리법을 보니까 우선 집에 감사하는 기도를 먼저 하더라. 깨달음의 경지가 높은 선승이나 세상 만물에 예민한 시인이 아니더라도, 오래 정든 사물에 애틋함을 느끼는 건 범인의 심사에도 다반사일 터.

한 십 년 가장 좋아했던 구두가 이제 그 명을 다한 듯. 너와 함께, 한 세월 이겼고, 졌고, 설렜고, 비틀거렸다.

물끄러미, 감사.

2019년 2월 8일 페이스북

윤한덕 센터장의 안타까운 죽음에 대한 기사를 보다가 그의 나이를 검색해봤다. 나와 같은 나이. 기사를 통해 처음 알게 된 사람. 이토록 의롭고 훌륭한 분들을 우리 사회는 왜 잃고 나서야 조명하는가 하는, 갈 곳 없는 분노가 일어나다가 직업병이랄까 기사 말미에 소개된 그의 '카피'에 시선이 오래 꽂혔다. 그리고 이런 생각이 들었다.

하는 일을 정확히 이해하면
해야 할 말을 정확히 찾아낸다.

윤한덕 선생의 명복을 빕니다.

2019년 1월 30일 페이스북

화가 난다는 건 감정의 문제지만,

화를 낸다는 건 판단의 문제.

2018년 12월 13일 페이스북

여럿이 낯선 곳을 찾아갈 때 누군가는 식당이며 숙소를 미리 계획하고 다른 누군가는 따라간다. 계획한 자의 마음속엔 혼자만 수고한 게 어쩐지 손해 본 듯하다. 하지만 우리는 다 안다. 그 여행의 진짜는 수고한 자의 몸속에, 영혼 속에 깊이 저장된다는 걸.

백지의 공포와 처음 마주 서서 망설이고, 배제하고, 확신을 갖고, 그 확신을 확인해본 경험은 다 그려 놓은 그림에 숟가락 얹어 더한 자의 것과 결코 같지 않다는 걸.

힘든 일, 많은 일에 쏜살같은 하루를 보내고 치킨과 피자로 함께 늦은 저녁을 먹으며 후배들에게 하고 싶었지만 하지 않은 말. 창밖 눈을 보며 스스로에게 했던 말.

덜 사랑하는 것이 더 사랑하는 것이다.

자식이라서 효도를 기대하지 말고, 부모니까 봉양하라 하지도 말고, 나를 거쳐 생겨난 나와 다른 한 존재를 수평적인 시선으로 사랑하는 것. 내 지향점은 거기다.

닿을 수 있기를 바랄 뿐.

#less_is_more

대학 입학 시험장에 태워다 주고, 그 앞에서 종일 기다리고, 끝나고 나오자마자 와락 안아주고, 그렇게 하지 않았다. 두 아이 모두 세 번 혼자 가서 혼자 왔다.

할 수 있어도 하지 않는, 그렇게 해주고 싶지만 부러 안 하는, 멀리서 지켜보는 그런 사랑도 있다는 걸. 어른이 된 자식에 대한 부모의 사랑은 그런 것일지 모른다는 걸. 언젠가 녀석들이 떠올려줄까.

담담한 태도로 다른 날과 똑같이 '다녀와'라고만 했던 게 덜 사랑해서가 아니라 사랑하는 남으로 존중하기 때문이었을 거라고, 그날이 그렇게 기억되었으면 좋겠다.

#수능시험날_뉴스를보다가

좀 아는 것과 잘 아는 것은 완전히 다른 것이다.

개인적 의견을 말해도 될 때와

조직을 대표해서 말해야 할 때는 완전히 다른 것이다.

의도와 결과는 완전히 다른 것이다.

사람 좋은 사람과 유능한 사람은 완전히 다른 것이다.

네 마리 고양이들 없는 이전의 삶으로는

절대 돌아갈 수 없을 거 같아.

혼자 아트 하는 게 아니라 함께 도모하는 일이라면 스스로에게 또 나와 일하는 동료들에게 우리는 어떤 순간에도 물어야 한다.

"내가 힘이 되는가, 짐이 되는가."

지위도, 학위도, 어떤 과거의 영광도, 힘이 되는지, 짐이 되는지에 대한 대답이 될 수 없다. 오직 지금 구체적으로 힘이 되는 자만 그 힘으로 함께 진전을 만드니까.

나의 선의를 앞세워서도 안 되고 나의 불운을 변명

삼을 수도 없는 일. 그것은 억울할지라도 어리광이니까.
나의 설득력을 증명하는 건 오직 나의 몫일 뿐.

얼마 전 영화 『다키스트 아워』를 보며 든 생각.

2018년 10월 14일 페이스북

친구 아들이 낼모레 입대한다. 훈련소 입소 때 필요
한 것들을 내게 묻길래 아들 녀석에게 자문을 구했더니
디지털시계 등등을 알려주고는 가장 필요한 건 멘탈이
라며, 자기는 '사랑한다 아들아'라고 써준 내 편지가 큰
힘이 됐었다는 답.

때로 천 냥 빚도 흔쾌히 갚은 셈 치게 하는 것
때로 천 리 길도 가뿐히 떠날 수 있게 하는 것
말 한마디.

힘이 되는 것도
짐이 되는 것도
알고 보면 말 한마디.

두 달의 현장 실습을 마친 인턴들의 프레젠테이션이 있은 후 그들에게 이렇게 말했다.

- 내가 새로 알게 된 것들을, 듣는 분들은 이미 알고 있을 수 있다는 걸, 언제나 잊지 마시라. 준비에서도, 발표에서도.

- 너무 많은 말을 하는 건, 아무 말을 안 하는 것과 같다. 프레젠테이션에서도, 인생에서도.

- 26년 전의 나와는 비교할 수 없을 정도로 훌륭하다.

- 행운을 빈다.

쿨하다는 건, 관계에서 뜨뜻미지근하고 무책임한 태도가 아니다. 제 아쉬움과 억울함을 남에게 어리광부리지 않고 호방하게 털어내고 갈 길을 가는 모습이 쿨한 것이다.

실력과 책임감 모두 있는 자라야 쿨 할 수 있다. 나 자신과 타인에게 모두 존중을 잃지 않아야 쿨 할 수 있다.

잘못을 지적받았을 때, 헤어지고 싶지 않은 사람과 헤어질 때, 회사를 나갈 때, 쿨한 사람인지 아닌지는 그런 때라야 알 수 있다.

내가 옳다고 해서, 옳다는 이유만으로는 어떤 링에서도 이길 수 없다. 그것이 싸움이고 싸움에는 전략적 사고가 필요한 까닭이다.

분노는 스스로를 행동하게 하는 동력이기는 하나 뜨거움은 나의 온도이지 상대는 그렇지 않다. 그걸 아는데서 싸움의 전략은 시작된다.

삶의 모든 국면이 싸움은 아니지만 싸워야 할 때란 분명 존재하는 것. 순진한 분노, 내가 옳고, 옳은 것은 옳으니까 이길 것이란 단순한 믿음은 가장 조심하고 경계해야 할 태도일지도 모른다.

사랑한다는 표현에 과민하게 궁금하고 예민하게 기대하고 지나치게 기뻐한다. 타인에게 얼마나 사랑한다고 표현하느냐 보다 어떤 일에 미안해하고 누구에게 고마움을 표현하느냐가 그 사람의 격을 더 잘 말해준다.

혼밥 얘기에 생각 난, 식당 하는 후배의 트윗 :

얼마 전 팔십이 넘으신 할아버지가 식당에서 혼자 밥 먹는 게 이상하다고 혼자는 못 먹겠다고 하시길래 "할아버지, 그 나이 드시도록 혼자 밥도 못 드시면 어떡해요!"

페친의 포스팅에서 '아가리 다이어터'라는 표현을 재밌게 느꼈다. 실제 다이어트는 하지 않으면서 늘상 말로만 하는 사람을 일컫는.

그 사람의 행동만이 그 사람이다. 부모든 연인이든 친구든 말로 위해주고 마음을 알아주기 바라는 거, 그거 다 헛거다. 말로만 하는 고백, 아무것도 아니다. 말로 하는 효도, 마음만의 우정, 실천 없이 무너지기만 하는 결심, 다 아무것도 아니다. 자기 시간을 쓰고 자기 돈을 쓰고 자기가 가진 것을 내어주는 사람, 그 사람이 진짜다.

마음에 그냥이란 없고, 행위가 곧 마음이다.

탁월한 광고인이셨던 이상오 선배님의 말씀 :

주는 것만이 사랑이오!

2017년 5월 15일 페이스북

어떤 날에도 밤은 온다.
꽃과 고양이들의 밤.

2017년 5월 8일 트윗

효도하지 맙시다. 그냥 사랑합시다. 효도가 무거운 의
무라면 사랑은 변해가는 관계니까요. 효도가 공경과 부
양이라면 사랑은 존중과 친밀함이니까요.

2017년 5월 8일 트윗

부모로부터 오지 않은 자식은 없다는 걸 언제나 잊지
않되, 나와는 다른 존재라는 사실 또한 함께 기억하며,
나와 가장 가까운 타인 중의 한 사람으로 존중하며 사랑
하는 것. 부모와 자식 관계가 그랬으면 좋겠습니다.

2017년 2월 3일 트윗

반 선생이 대권의 꿈을 집은 이유를 "너무 순수해서"
라고 한 기사를 봤다. 순수의 반대편에 더러운 협잡이

있다고 보는 듯. 순수를 좋게만 보면 세상은 마냥 더러워만 보인다. 남 탓이 되고 만다. 하지만 순수의 반대편엔 뜻밖에도 전략이 있다. 순수한 무대뽀보다 전략적으로 현명한 사람을 지향할 일.

2017년 1월 8일 트윗

예수가 다시 오신다면 잘못 걸려온 전화로 오실 것 같다. 저마다 잊지 못할 사람도, 인생의 스승도, 잘못 걸려온 전화처럼 찾아오는 게 아닐까? 그 전화, 나는 어떻게 받아왔고 받고 있는가?

2016년 9월 3일 트윗

나는 내 부모님께는 안녕히 주무셨어요? 라고 인사한다. 아이들과는 서로 굿모닝~이다.

2015년 12월 9일 페이스북

(군 복무 중인 아들이 특급전사 자격을 딴 사진을 보내온 것에 대하여)

닮았다 한들 똑같다 한들 나는 나고, 너는 네가 아니냐. 바쇼의 하이쿠를 전하마. 특급 전사에게.

나를 닮지 마라.

둘로 쪼갠

참외일지라도.

2015년 10월 29일 페이스북

더 많은 사람이 참여하면 더 좋은 아이디어가 나올 가능성이 커진다는 잘못된 믿음. 많은 사람의 선택이니까 최선이라는 잘못된 믿음. 민주주의는 좋은 것이니 다수결은 모든 영역에서 선이라는 잘못된 믿음.

그래서

아이. 서울. 유.

2015년 7월 24일 페이스북

9호선에도 임산부에게 자리를 양보하라는 메시지를 "어린이는 나라의 미래입니다. 임산부를 배려해주세요"라는 카피로 써놓았다. 임산부 배려석이 "내일의 주인공을 위한 자리"라면 임산부는 있는 그대로 존중받는 것이 아닌 게 된다. 임산부를 캐리어, 수단으로 보는 관점이다. 모욕인 줄 모르고 모욕을 배려인 양하고 있다.

눈앞의 타인을 있는 그대로 존중합시다.

2015년 5월 27일 페이스북

강하게 키워라 = 일부러 냉담하게 대하고 때로 의도적으로 신뢰를 배반하라. 무관심한 척 대화도 많이 하지 마라. 그렇게 생각하시는 분을 간혹 본다. 심정과 까닭은 이해하지만 동의하지는 않는다. 사랑을 보여주는 것이 사람을 약하게 만들지는 않으리라 믿기 때문이다.

2015년 5월 24일 페이스북

먼 산보다 뒷산.

뒷산 곳곳 턱걸이 어쨌든 도합 66개.

2015년 4월 20일 트윗

딸이 물었다. 내가 남이야?

– 응. 남이야. 그게 존중이야.

2015년 4월 6일 페이스북

(논산훈련소로 입대하는 아들에게 브레히트의 시 〈아침저녁으로 읽기 위하여〉와 함께 준 편지)

사랑하는 사람을 위하여 너를 소중히 하는 것,

그게 진짜 사랑이다.

사랑한다, 아들아!

2014년 8월 14일 페이스북

사람이 먼저다, 가 좋은지 옳은지는 잘 몰라도
이거는 이게 맞지 않니?
내리는 사람이 먼저다.
#지하철_하차우선

2014년 7월 13일 페이스북

두 녀석이 아이스크림을 먹고 싱크대에 수저 두 개를
아무렇게나 던져 놓았길래 둘을 불렀다. 소환되는 순간
이유를 아는 눈치. 큰일에 대범하고 작은 일에 엄격하자
는 게 내 원칙.

2014년 7월 12일 페이스북

다시 보면 다른 게 보인다. 이창동 감독의 『시』를 다
시 보는데 이런 대사가 들어온다.
시 쓰기가 너무 어려워요 하니까, 아니에요, 시를 쓰
는 게 어려운 세 아니라 시를 쓰는 마음을 갖는 게 어려
워요.

선불교 화두 중 즉심시불(卽心是佛)과 통한다. 마음에 이른다는 것.

우리는 왜 그렇게 하나가 되려 하나?

왜 그렇게 한 방향으로 가자고 하나?

백 명이 하나 되는 것보다

백 명이 제대로 백 명이 되는 편이

백배는 더 낫다고 나는 생각한다.

프랑스 축구가 전만 못 해도 프랑스의 감각은 단연 우승감. 월드컵 국가별 공식 슬로건이란 게 있는데 프랑스의 슬로건은 이렇다.

Impossible is not a French word.

한국은, 즐겨라. 대한민국.

Enjoy it, Reds!

흔히 하고 듣는 말 : 오늘 일 잘됐다며? 잘 풀렸지 뭐.
일이 알아서 잘 되고 스스로 잘 풀리는 법은 없다.
내가, 우리가, 우리 중 누군가가, 예측하고 애쓰고
준비해서 진전을 만드는 것.

혼다의 카피는 인생의 모토로까지 삼을 만하다. "열
심히 해도 이루어지지 않는 것이 있다. 현실에서 빈번히
있는 일이다. 그래도 우린 잠잘 시간 먹는 시간을 줄여
노력해야 한다. 어제까지의 나를 넘어서자!"

아침에 말했지. 너에게 그리고 나 자신에게도. 최선에
만 최선을 다하지 말자. 차선에도 최선을 다하자.

나는 A라는 브랜드의 광고를 만들기 위해 A의 장점
을 연구하고 부각하는 나의 일이 조금도 부끄럽지 않다.
허나 A라는 브랜드를 가진 기업의 회장이나 사장을 트

위터에서 "회장님, 대장님" 하며 추종하는 이를 보면 좀 부끄럽지 않나 생각한다.

2011년 9월 29일 페이스북

인생의 고점에서 겸손하기란 사실 쉽다. 보통 수준의 교양과 인품만으로도 할 수 있는 일이지. 정작 어려운 건, 인생의 저점에서 무너지지 않는 일이다. 허세와 자학 이라는 두 심연이 어마어마한 아가리를 들이댈 테니.

2011년 9월 16일 페이스북

내가 이 정도밖에 안 되는 건 '나' 때문이다. 예외 없 다. 내가 이만큼이나마 될 수 있었던 건 '매우 구체적인 누군가'의 덕분이다. 예외 없다.

2011년 5월 10일 페이스북

청춘홍안(靑春紅顔)을 자랑 마라. 덧없는 세월에 백발 이 되누나. 소주 한잔하시고 칠십 노인들이 지그시 눈을 감은 채 청춘가를 부를 때 통유리 너머 무정한 초록은 비에 젖어 더더욱 푸르러지고 있었다.

혼자 영화 『설리』를 보며 울었다. 기적이란 신의 선물처럼 뜻밖의 횡재로 오는 게 아니라 자기가 해야 할 일을 했을 때 함께 만들 수 있는 것이다. 그러니 네가 할 일을 제대로만 해라. 당황하지도 오버하지도 말고.

연애의 오브제란 다른 사람들이 인정하는 명품이 아니라, 다른 사람들이 짐작조차 할 수 없는 상징이어야 한다. 추억과 약속, 비밀과 신호, 혹은 둘만의 유머가 담긴 무엇. 그것은 단어나 이름처럼 눈에 보이지 않는 것일 수도 있다. 언제나 문제는 명품이 아니라 인품이다.

남의 마음을 흔드는 건 다 카피다

: 좋은 카피를 쓰는 습관

초판 1쇄 발행	2020년 7월 27일
초판 5쇄 발행	2024년 6월 17일

지은이	이원홍
펴낸이	김옥정

만든이	이승현
디자인	스튜디오진진

펴낸곳	좋은습관연구소
주소	경기도 고양시 후곡로 60, 303-1005
출판신고	2019년 8월 21일 제 2019-000141
이메일	lsh01065105107@gmail.com

ISBN	979-11-968611-8-6 (13320)

당신의 이야기, 당신의 비즈니스, 당신의 연구를 습관으로 정리해보세요.
좋은습관연구소에서는 '좋은 습관'을 가진 분들의 원고를 기다리고 있습니다.
메일로 문의해주세요.

네이버/페이스북/유튜브 검색창에 '좋은습관연구소'를 검색하세요.